Ukulele Chor

BEATLES

ISBN 978-1-4584-2328-3

HAL•LEONARD®
CORPORATION

7777 W. BLUEMOUND RD. P.O. BOX 13819 MILWAUKEE, WI 53213

Visit Hal Leonard Online at
www.halleonard.com

Ukulele Chord Songbook

Contents

Across the Universe

Words and Music by John Lennon
and Paul McCartney

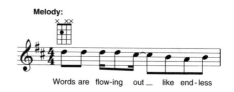

Melody:

Words are flow-ing out __ like end-less

D   F#m   F#m(add4)   A   Aadd9   Dmaj7   Em   A7   Gm

Intro |D | F#m F#m(add4) F#m F#m(add4) F#m F#m(add4) F#m F#m(add4)|

|A Aadd9 A Aadd9 A Aadd9 A Aadd9 |

Verse 1
    D   F#m
Words are flowing out like endless rain into a paper cup,

       Em   A7
They slither while they pass they slip away __ across the universe.

    D   F#m
Pools of sorrow, waves of joy are drifting through my open mind,

       Em   Gm
Pos - sessing and ca - ressing me.

Chorus 1
    D   A7
Jai. Guru. Deva. Om.

Nothing's gonna change my world,

G   D
Nothing's gonna change my world.

A7
Nothing's gonna change my world,

G   D
Nothing's gonna change my world.

Verse 2
```
         D                       F#m                      Em
Images of broken light which dance before me like a million eyes,
                                A7
They call me on and on across __ the universe.
         D                       F#m
Thoughts meander like a restless wind inside a letter box,
         Em                     A7
They tumble blindly as they make their way across the universe.
```

Chorus 2   *Repeat Chorus 1*

Verse 3
```
         D                              F#m
Sounds of laughter, shades of life are ringing through my open ears,
         Em          Gm
In - citing and in - viting me.
         D                       F#m                      Em
Limitless, undying love which shines around me like a million suns,
                                A7
It calls me on and on a - cross the universe.
```

Chorus 3   *Repeat Chorus 1*

Outro
```
         D
||: Jai. Guru. Deva. :||  *Play 6 times and fade*
```

All My Loving

Words and Music by
John Lennon and Paul McCartney

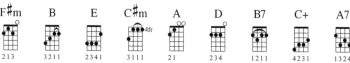

Close your eyes ___ and I'll kiss ___ you,

F#m   B   E   C#m   A   D   B7   C+   A7

| 2 1 3 | 3 2 1 1 | 2 3 4 1 | 3 1 1 1 | 2 1 | 2 3 4 | 1 2 1 1 | 4 2 3 1 | 1 3 2 4 |

Verse 1

        F#m   B
Close your eyes and I'll kiss you,

      E   C#m
To - morrow I'll miss you,

      A   F#m   D   B7
Re - member, I'll always be true.

        F#m   B
And then while I'm a - way

      E   C#m
I'll write home every day,

      A   B   E
And I'll send all my loving to you.

Verse 2

N.C.   F#m   B
I'll pre - tend that I'm kissing

      E   C#m
The lips I am missing

      A   F#m   D   B7
And hope that my dreams will come true.

        F#m   B
And then while I'm a - way

      E   C#m
I'll write home every day,

      A   B   E
And I'll send all my loving to you.

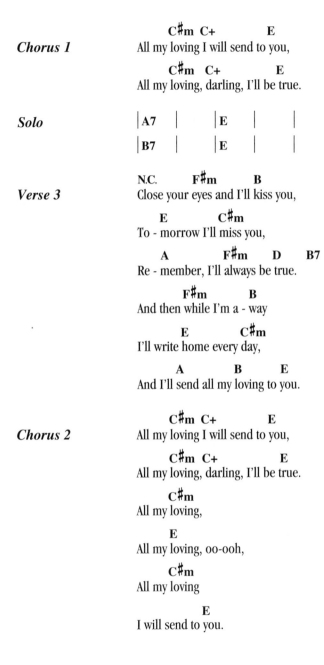

Chorus 1

C#m C+   E
All my loving I will send to you,

C#m C+   E
All my loving, darling, I'll be true.

Solo

| A7 | | E | | |
| B7 | | E | | |

Verse 3

N.C.   F#m   B
Close your eyes and I'll kiss you,

E   C#m
To - morrow I'll miss you,

A   F#m   D   B7
Re - member, I'll always be true.

F#m   B
And then while I'm a - way

E   C#m
I'll write home every day,

A   B   E
And I'll send all my loving to you.

Chorus 2

C#m C+   E
All my loving I will send to you,

C#m C+   E
All my loving, darling, I'll be true.

C#m
All my loving,

E
All my loving, oo-ooh,

C#m
All my loving

E
I will send to you.

All You Need Is Love

Words and Music by
John Lennon and Paul McCartney

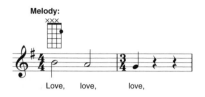

Love,   love,   love,

Intro

| G   D | G | C D7 |

G   D   Em7
Love, love, love,

G   D   Em7
Love, love, love,

D7   G   D7
Love, love, love.

| D   D7* | D |

Verse 1

    G   **D**   **Em7**
There's nothing you can do that can't be done,

G   **D**   **Em7**
Nothing you can sing that can't be sung,

D7   **G**
Nothing you can say,

                 D   **D7**
But you can learn how to play the game,

    D   **D7***   **D**
It's easy.

Verse 2

```
G               D                   Em7
  Nothing you can make that can't be made,

G      D            Em7
  No one you can save that can't be saved,

D7            G
  Nothing you can do,

          D                   D7
But you can learn how to be you in time,

    D    D7*   D
It's easy.
```

Chorus 1

```
G      A7   D    D7
  All you need is love,

G      A7   D    D7
  All you need is love,

G      B7    Em  Em7
  All you need is love, love,

C      D7        G
  Love is all you need.

 G    D   Em7
(Love, love, love.)

 G    D   Em7
(Love, love, love.)

 D7   G   D7
(Love, love, love.)

|D   D7* |D          |
```

Chorus 2

| G | A7 | D | D7 |
All you need is love,

| G | A7 | D | D7 |
All you need is love,

| G | B7 | Em Em7 |
All you need is love, love,

| C | D7 | G |
Love is all you need.

Verse 3

| G | D | Em7 |
There's nothing you can know that isn't known,

| G | D | Em7 |
There's nothing you can see that isn't shown,

| D7 | G |
There's nowhere you can be

| D | D7 |
That isn't where you're meant to be,

| D D7* D |
It's easy.

Chorus 3   *Repeat Chorus 2*

Chorus 4   *Repeat Chorus 2*

Outro

G
Love is all you need.

(Love is all you need.)

‖: Love is all you need.

(Love is all you need.) :‖   ***Repeat and fade***

The Ballad of John and Yoko

Words and Music by
John Lennon and Paul McCartney

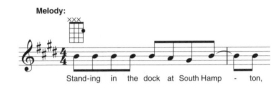

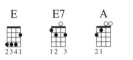

Intro

| E | | |

Verse 1

E
Standing in the dock at South Hampton,

Trying to get to Holland or France.

E7
The man in the mac said,

"You've got to go back,"

You know they didn't even give us a chance.

Chorus 1

                            A
Christ! You know it ain't eas - y,

                         E
You know how hard it can be,

                B7
The way things are go - ing,

                   E
They're gonna crucify me.

Verse 2	**E** Finally made the plane into Paris,
	Honeymooning down by the Seine.
	E7 Peter Brown called to say,
	"You can make it OK,
	You can get married in Gibraltar, near Spain."
Chorus 2	*Repeat Chorus 1*
Verse 3	**E** Drove from Paris to the Amsterdam Hilton,
	Talking in our beds for a week.
	E7 The newspeople said,
	"Say, what you doing in bed?"
	I said, "We're only trying to get us some peace."
Chorus 3	*Repeat Chorus 1*
Bridge	**A** Saving up your money for a rainy day,
	Giving all your clothes to charity.
	Last night the wife said,
	"Oh boy, when you're dead,
	B7 You don't take nothing with you but your soul."
	Think!

Verse 4

E
Made a lightning trip to Vienna,

Eating chocolate cake in a bag.

E7
The newspapers said,

"She's gone to his head,

They look just like two gurus in drag."

Chorus 4   *Repeat Chorus 1*

Verse 5

E
Caught the early plane back to London,

Fifty acorns tied in a sack.

E7
The men from the press said,

"We wish you success,

It's good to have the both of you back."

Chorus 5

A
Christ! You know it ain't eas - y,

E
You know how hard it can be,

B7
The way things are go - ing,

E
They're gonna crucify me.

B7
The way things are go - ing,

E
They're gonna crucify me.

| B7 | | E | E6 |

And I Love Her

Words and Music by
John Lennon and Paul McCartney

Melody:

I give her all ___ my love, ___

F#m   E6   C#m   A   B   E   G#m

B7   Gm   Dm   B♭   C   F   D

Intro　　　| F#m | | E6 | | |

Verse 1

F#m   C#m
I give her all __ my love,

F#m   C#m
That's all I do,

F#m   C#m
And if you saw __ my love,

A   B
You'd love her too,

      E
I love __ her.

Verse 2

F#m   C#m
She gives me ev'rything,

F#m   C#m
And tenderly,

F#m   C#m
The kiss my lover brings,

A   B
She brings to me,

      E
And I love __ her.

Bridge

C#m   B
A love like ours

C#m   G#m
Could never die

C#m   G#m
As long as I

                B   B7
Have you near me.

Verse 3

F#m   C#m
Bright are the stars __ that shine,

F#m   C#m
Dark is the sky,

F#m   C#m
I know this love of mine

A   B
Will never die,

             E
And I love __ her.

Interlude

|Gm |Dm |Gm |Dm |Gm |
|Dm |B♭ |C |F | |

Verse 4

Gm   Dm
Bright are the stars __ that shine,

Gm   Dm
Dark is the sky,

Gm   Dm
I know this love of mine

B♭   C
Will never die,

           F
And I love __ her.

Outro

|Gm | |F | | |
|Gm | |D |

And Your Bird Can Sing

Words and Music by
John Lennon and Paul McCartney

Tell me that you've got ev-'ry-thing you want,

E   F#m   A   G#m   G#m(maj7)   G#m7   C#7   B

Intro |E | | | |

Verse 1

E
Tell me that you've got everything you want,

And your bird can sing,
            F#m
But you don't get me,
A   E
   You don't get   me.

Verse 2

E
You say you've seen seven wonders,

And your bird is green,
            F#m
But you can't see me,
A   E
   You can't see   me.

Bridge 1

G#m   G#m(maj7)
When your prized pos - sessions

G#m7   C#7
Start to weigh you down,

E   F#m
Look in my direction,

                B
I'll be 'round, I'll be 'round.

Solo

| E | | | | | |
| F#m | A | E | | |

Bridge 2

G#m   G#m(maj7)
When your bird is broken,

G#m7   C#7
Will it bring you down?

E   F#m
You may be a - woken,

                B
I'll be 'round, I'll be 'round.

Verse 3

          E
You tell me that you've heard every sound there is,

And your bird can swing,

          F#m
But you can't hear me,

A   E
  You can't hear   me.

Outro

E				
F#m	A	E		
				A

THE BEATLES   **17**

Baby You're a Rich Man

Words and Music by
John Lennon and Paul McCartney

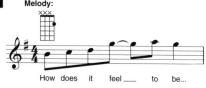

Melody:

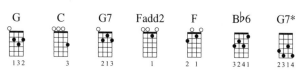

How does it feel ___ to be...

G   C   G7   Fadd2   F   B♭6   G7*

Intro | G | C | G | C | G7 | C | G7 | C |

Verse 1

G   C   G7
How does it feel to be one of the beautiful people?

G   Fadd2
Now that you know who you are,

F   G   C
What do you want to be?

G   Fadd2
And have you traveled very far?

F   G   C
Far as the eye can see.

Verse 2

G   C   G7
How does it feel to be one of the beautiful people?

G   Fadd2
How often have you been there?

F   G   C
Often enough to know.

G   Fadd2
What did you see when you were there?

F   G   C
Nothing that doesn't show.

Chorus 1

G
Baby, you're a rich man,

C
Baby, you're a rich man,

G   C
Baby, you're a rich man, too.

    Bb6   G7*   C
You keep all your money in a big brown bag

       G7
Inside a zoo.

              C
What a thing to do.

G
Baby, you're a rich man,

C
Baby, you're a rich man,

G   C
Baby, you're a rich man, too.

Verse 3

G   C   G7
How does it feel to be one of the beautiful people?

G   Fadd2
Turned to a natural E,

F   G   C
Happy to be that way.

G   Fadd2
Now that you've found another key,

F   G   C
What are you going to play?

Chorus 2

Repeat Chorus 1

Outro

   G
‖: Baby, you're a rich man,

C
Baby, you're a rich man,

G   C
Baby, you're a rich man, too. :‖ ***Repeat and fade***

Back in the U.S.S.R.

Melody:

Words and Music by
John Lennon and Paul McCartney

Flew in from Mi-am-i Beach, B. O. A. C., __

E7   A   D   C   Db   B   D7

Intro | E7 | | | |

Verse 1

A   D
Flew in from Miami Beach, B.O.A.C.,

C   D
Didn't get to bed last night.

A   D
On the way the paper bag was on my knee,

C   D
Man, I had a dreadful flight.

Chorus 1

                              A
I'm back in the U.S.S.R.,

C   D
   You don't know how lucky you are, boy.

N.C.   A   E7
Back in the U.S.S.R.

Verse 2

A   D
Been away for so long I hardly knew the place,

    C   D
Gee __ it's good to be back home.

        A   D
Leave __ it till tomorrow to un - pack my case,

    C   D
Hon - ey, disconnect the phone.

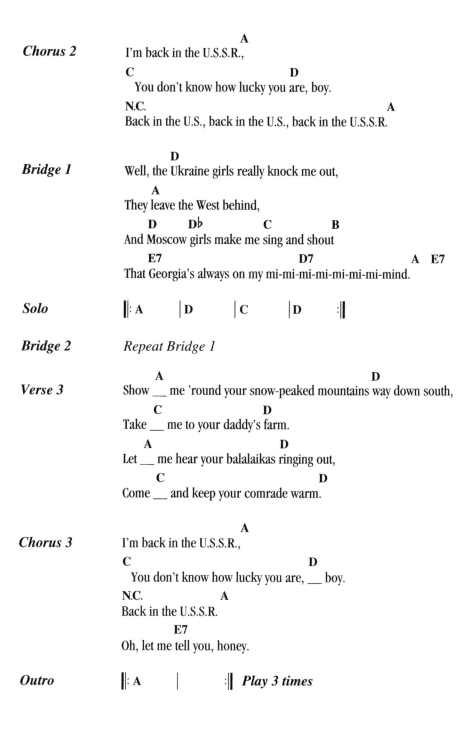

Chorus 2

                                  A
I'm back in the U.S.S.R.,

  C   **D**
   You don't know how lucky you are, boy.

  N.C.   **A**
  Back in the U.S., back in the U.S., back in the U.S.S.R.

Bridge 1

               D
Well, the Ukraine girls really knock me out,

      A
They leave the West behind,

       D   **D♭**   **C**   **B**
And Moscow girls make me sing and shout

      E7   **D7**   **A**   **E7**
That Georgia's always on my mi-mi-mi-mi-mi-mi-mi-mind.

Solo

‖: A | D | C | D   :‖

Bridge 2

Repeat Bridge 1

Verse 3

        A   **D**
Show __ me 'round your snow-peaked mountains way down south,

        C   **D**
Take __ me to your daddy's farm.

    A   **D**
Let __ me hear your balalaikas ringing out,

       C   **D**
Come __ and keep your comrade warm.

Chorus 3

                           A
I'm back in the U.S.S.R.,

  C   **D**
   You don't know how lucky you are, __ boy.

  N.C.   **A**
  Back in the U.S.S.R.

               E7
  Oh, let me tell you, honey.

Outro

‖: A | :‖ *Play 3 times*

Because

Words and Music by
John Lennon and Paul McCartney

Melody:

Ah. _____ Be - cause the world

C#m   D#m7b5   G#7   A   A7
A13   D   D(b5)   D°   F#

Intro

| C#m | | | D#m7b5 | G#7 | |
| A | C#m | A7 | A13 | |

D   D(b5) Do
Ah.

Verse 1

   C#m
Be - cause the world is round
   D#m7b5   G#7
It turns me on,
   A   C#m   A7   A13
Be - cause the world is round,
D   D(b5)   D°
Ah.

Verse 2

   C#m
Be - cause the wind is high
   D#m7b5   G#7
It blows my mind,
   A   C#m   A7   A13
Be - cause the wind is high,
D   D(b5)   D°
Ah.

Bridge

D°   F#
Love is old, love is new,

           G#7
Love is all, love is you.

Verse 3

    C#m
Be - cause the sky is blue

         D#m7b5   G#7
It makes me cry,

     A   C#m A7   A13
Be - cause the sky is blue,

D   D(b5)   D°
Ah.

Outro

| C#m | | | D#m7b5 | G#7 | |
Ah.   Ah.

| A | | C#m | A7 | A13 | |
Ah.   Ah.

| D | | D(b5) D° |
Ah.

Birthday

Words and Music by
John Lennon and Paul McCartney

You   say   it's   your   birth - day,

A7   D7   E7   E   C   G   A

Intro | A7 | | | | D7 | |

| A7 | | E7 | | A7 | |

Verse 1

A7   N.C.
You say it's your birthday,

A7   N.C.
It's my birthday too, yeah.

D7   N.C.
You say it's your birthday,

A7   N.C.
We're gonna have a good time.

E7   N.C.
I'm glad it's your birthday,

A7   N.C.
Happy Birthday to you.

Interlude 1 | Drums for 8 bars | E | | |

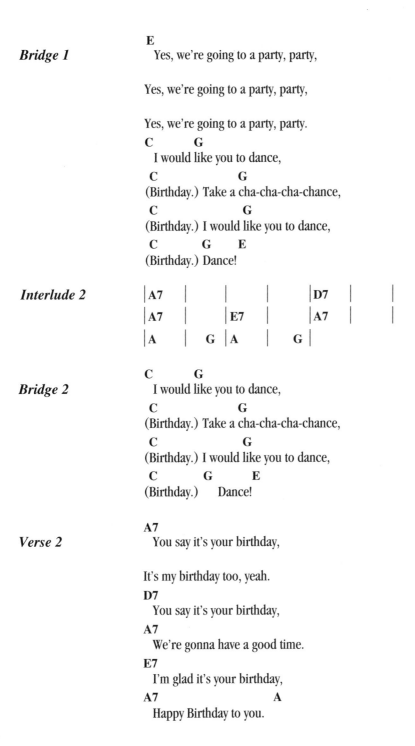

Bridge 1

     E
Yes, we're going to a party, party,

Yes, we're going to a party, party,

Yes, we're going to a party, party.
C   G
  I would like you to dance,
  C   G
(Birthday.) Take a cha-cha-cha-chance,
  C   G
(Birthday.) I would like you to dance,
  C   G   E
(Birthday.) Dance!

Interlude 2

A7				D7		
A7		E7		A7		
A		G	A		G	

Bridge 2

C   G
  I would like you to dance,
  C   G
(Birthday.) Take a cha-cha-cha-chance,
  C   G
(Birthday.) I would like you to dance,
  C   G   E
(Birthday.)   Dance!

Verse 2

A7
You say it's your birthday,

It's my birthday too, yeah.
D7
You say it's your birthday,
A7
  We're gonna have a good time.
E7
  I'm glad it's your birthday,
A7   A
  Happy Birthday to you.

Blackbird

Words and Music by John Lennon
and Paul McCartney

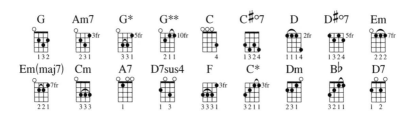

Black - bird sing - ing in the dead of night,

G	Am7	G*	G**	C	C#°7	D	D#°7	Em
1 3 2	2 3 1	3 3 1	2 1 1	4	1 3 2 4	1 1 1 4	1 3 2 4	2 2 2

Em(maj7)	Cm	A7	D7sus4	F	C*	Dm	Bb	D7
2 2 1	3 3 3	1	1 3	3 3 3 1	3 2 1 1	2 3 1	3 2 1 1	1 2

Intro

|G   Am7 G* |G** |

Verse 1

G   Am7   G*   G**
Blackbird singing in the dead of night,

C   C#°7   D   D#°7   Em   Em(maj7)
Take these broken wings __ and learn __ to fly.

D C#°o7 C Cm
All your life,

G   A7   D7sus4   G
You were only wait - ing for this mo - ment to arise.

|C   G   A7 |D7sus4 G |

Verse 2

G   Am7   G*   G**
Blackbird singing in the dead of night,

C   C#°7   D   D#°7   Em   Em(maj7)
Take these sunken eyes __ and learn __ to see.

D C#°7o C Cm
All your life,

G   A7   D7sus4   G
You were only wait - ing for this mo - ment to be free.

Bridge 1

F   C*   Dm C Bb C
Black - bird, ___ fly.

F   C*   Dm C Bb A7
Black - bird, ___ fly.

          D7sus4   G
Into the light _____ of a dark black night.

Interlude 1

|G Am7 G* |G** |C C#°7 D D#°7 |Em Em(maj7) |

|D   C#°7 |C   Cm |G   A7 |D7sus4 G |

Bridge 2   *Repeat Bridge 1*

Interlude 2

|G Am7 G* |G** | | |

|G Am7 G* C*|G A7 D7sus4 |

Verse 3

G   Am7   G*   G**
Blackbird singing in the dead of night,

C   C#°7   D   D#°7   Em Em(maj7)
Take these broken wings __ and learn __ to fly.

D C#°7o C Cm
All your   life,

G   A7   D7sus4   G
You were only wait - ing for this mo - ment to arise.

C   G   A7   D7sus4   G
You were on - ly wait - ing for this mo - ment to arise.

C   G   A7   D7   G
You were on - ly waiting __ for this mo - ment to arise.

Can't Buy Me Love

Words and Music by
John Lennon and Paul McCartney

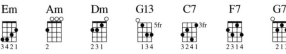

Can't buy me   love, _____

Em   Am   Dm   G13   C7   F7   G7

3 4 2 1   2   2 3 1   1 3 4 5fr   3 2 4 1 3fr   2 3 1 4   2 1 3

                              Em Am   Em Am

Intro   Can't buy me love, _____ love,

                               Dm G13

        Can't buy me love.

                      C7

Verse 1   I'll buy you a diamond ring, my friend,

        If it makes you feel alright.

                    F7

        I'll get you anything, my friend,

                    C7

        If it makes you feel alright.

                  G7   **F7 N.C.**

        'Cos I don't care too   much for money,

        F7   **C7**

        Money can't buy me love.

                      C7

Verse 2   I'll give you all I've got to give,

        If you say you love me too.

          F7

        I may not have a lot to give,

                      C7

        But what I've got I'll give to you.

        G7   **F7 N.C.**

        I don't care too   much for money.

        F7   **C7**

        Money can't buy me love.

Chorus 1	**Em Am** Can't buy me love,

      Em Am
Can't buy me love,

C7
Everybody tells me so.

      Em Am
Can't buy me love,

Dm   **G13**
No, no, no, no.

Verse 3

C7
Say you don't need no diamond rings

And I'll be satisfied.

F7
Tell me that you want the kind of things

   C7
That money just can't buy.

G7   **F7 N.C.**
I don't care too   much for money.

F7   **C7**
Money can't buy me love.

Solo

C7					
F7		**C7**			
G7	**F7**	**C7**			

Chorus 2   *Repeat Chorus 1*

Verse 4   *Repeat Verse 3*

Outro

      Em Am Em Am
Can't buy me love, _____ love,

      Dm G13
Can't buy me love.

C7
Oh.

Carry That Weight

Words and Music by
John Lennon and Paul McCartney

Melody:

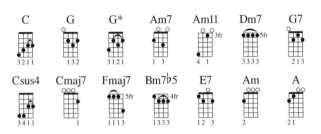

Boy,   you're gon - na   car - ry that   weight, _

| C | G | G* | Am7 | Am11 | Dm7 | G7 |
| Csus4 | Cmaj7 | Fmaj7 | Bm7♭5 | E7 | Am | A |

Chorus 1

    C   G
Boy, you're gonna carry that weight,

                  C
Carry that weight a long time.

           G
Boy, you're gonna carry that weight,

             C   G*
Carry that weight a long time.

Interlude

| Am7 | Am11 Dm7 | G7 | Csus4 C Cmaj7 |
| Fmaj7 | Bm7♭5 E7 | Am | |

Verse

      Am7   **Am11 Dm7**
      I never give you my pil - low,

      G7   **Csus4 C   Cmaj7**
      I only send you my in - vi - tations,

      Fmaj7   **Bm7♭5 E7**   **Am7**   **G   C   G**
      And in the middle of the cele - brations I break down.

Chorus 2

      C   **G**
      Boy, you're gonna carry that weight,

                      C
      Carry that weight a long time.

                   G
      Boy, you're gonna carry that weight,

                   C   **G***   **A**
      Carry that weight a long time.

      | **C**   **G*** | **A**

Come Together

Words and Music by
John Lennon and Paul McCartney

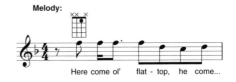

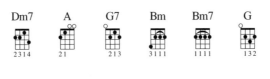

Dm7	A	G7	Bm	Bm7	G
2314	21	213	3111	1111	132

Intro ‖: **Dm7** | | :‖

(Shoot me.   Shoot me.)

Verse 1

Dm7
    Here come old flat top, he come grooving up slowly,

He got joo joo eyeball, he one holy roller,

        A
He got   hair down to his knees,

G7 N.C.
Got to be a joker, he just do what he please.

| **Dm7** | | | | |

Verse 2

Dm7
    He wear no shoe shine, he got toe jam football,

He got monkey finger, he shoot Coca Cola,

        A
He say, "I know you, you know me.

G7 N.C.
One thing I can tell you is you got to be free."

	Bm
Chorus 1	Come togeth - er,
	Bm7 G A
	Right now,
	N.C.
	Over me.
	| **Dm7** | | | |
	Dm7
Verse 3	He bag production, he got walrus gumboot,
	He got Ono sideboard, he one spinal cracker,
	A
	He got feet down below his knee,
	G7 N.C.
	Hold you in his armchair, you can feel his disease.
	Bm
Chorus 2	Come togeth - er,
	Bm7 G A
	Right now,
	N.C. Dm7
	Over me. Right!

Solo |Dm7 | | | |
                                      Come.

|A | | | |Dm7 | |
   Come.   Come.   Come.   Come.

Dm7
Verse 4   He roller coaster, he got early warning,

He got muddy water, he one mojo filter,

        A
He say,   "One and one and one is three."

G7 N.C.
Got to be good looking 'cause he's so hard to see.

                      Bm
Chorus 3   Come togeth - er,

Bm7 G   A
Right now,

N.C.
Over me.

Outro |Dm7 | | | |
                 (Shoot me.   Shoot me.   Shoot me.)   Oh!

| | |: |
                      Come together,

| :| *Repeat and fade*
   yeah!

A Day in the Life

Words and Music by
John Lennon and Paul McCartney

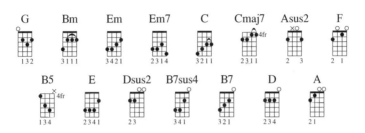

I read the news _ to - day, _ oh _____ boy,

G Bm Em Em7 C Cmaj7 Asus2 F

B5 E Dsus2 B7sus4 B7 D A

Intro | G   Bm | Em Em7 | C | |

Verse 1

G   Bm   Em   Em7
I read the news today, oh boy,

C   Cmaj7   Asus2
About a lucky man who made the grade.

G   Bm   Em   Em7
And though the news was rather sad,

C   F   Em   Em7
Well, I just had to laugh,

C   F   Em   C
I saw the photograph.

Verse 2

```
G          Bm              Em   Em7
  He blew his mind out in a car,
C          Cmaj7      Asus2
  He didn't notice that the lights had changed.
G          Bm              Em   Em7
  A crowd of people stood and stared,
C                  F
  They'd seen his face before,
Em
Nobody was really sure
  Em7                      C
If he was from the House of Lords.
```

Verse 3

```
G      Bm            Em   Em7
  I saw a film today, oh boy,
C          Cmaj7      Asus2
  The English army had just won the war.
G          Bm              Em   Em7
  A crowd of people turned away,
C          F          Em
  But I just had to look,
       Em7      C
Having read the book,
           N.C.(B5)
I'd love to turn you on.
```

Interlude 1   ‖: N.C. | | | | :‖ E | |

Bridge

```
E                                        Dsus2
Woke up, got out of bed, dragged a comb across my head,
           E                B7sus4
Found my way downstairs and drank a cup
           E        B7sus4        B7
And looking up I noticed I was late.   Ha, ha, ha.
           E
Found my coat and grabbed my hat,
                 Dsus2
Made the bus in seconds flat,
           E                B7sus4
Found my way upstairs and had a smoke
           E                B7sus4
And somebody spoke and I went into a dream.
```

Interlude 2

```
C  G    D  A    E   C  G    D   A │E D C D│
Ah, ___  ah, ___  ah,  ah, ___ ah. ___
```

Verse 4

```
G        Bm          Em  Em7
  I read the news today, oh boy,
C             Cmaj7            Asus2
  Four thousand holes in Blackburn, Lancashire.
G             Bm           Em   Em7
  And though the holes were rather small,
C          F
  They had to count them all;
Em                          Em7              C
Now they know how many holes it takes to fill the Albert Hall.
             N.C.(B5)
I'd love to turn you on.
```

Outro

```
‖: N.C.  │     │     │     │     :‖ E
```

The Continuing Story of Bungalow Bill

Words and Music by
John Lennon and Paul McCartney

Melody:

Hey,   Bun-ga-low   Bill, ___   what did you kill, ___

Em(add9)   C   G   Fm   A   E   Dm   Am   C6   F

Intro

| Em(add9) | | | |

Chorus 1

C   G   C
Hey, Bungalow Bill,

Fm   C
What did you kill,

Fm   G
Bungalow Bill?

A   E   A
Hey, Bungalow Bill,

Dm   A
What did you kill,

Dm   E
Bungalow Bill?

Verse 1

      Am   C6   F   G
He went out tiger hunting, with his elephant and gun.

Am   C6   F   G
  In case of accidents, he always took his mom.

          E   G   Am   Fm
He's the all-American, bullet-headed, Saxon mother's son.

   N.C.
(All the children sing!)

Chorus 2   *Repeat Chorus 1*

Verse 2

Am   C6   F   G
Deep in the jungle, where the mighty tiger lies,

Am   C6   F   G
Bill and his elephants were taken by surprise.

E   G   Am   Fm
So Captain Marvel zapped him right between the eyes.

N.C.
(All the children sing!)

Chorus 3

C   G   C
Hey, Bungalow Bill,

Fm   C
What did you kill,

Fm   G
Bungalow Bill?

A   E   A
Hey, Bungalow Bill,

Dm   A
What did you kill,

Dm   E
Bungalow Bill?

Verse 3

Am   C6   F   G
The children asked him if to kill was not a sin:

Am   C6   F   G
"Not when he looks so fierce," his mommy butted in.

E   G   Am   Fm
If looks could kill, it would have been us instead of him.

N.C.
(All the children sing!)

Chorus 4   *Repeat Chorus 1 till fade*

Day Tripper

Words and Music by
John Lennon and Paul McCartney

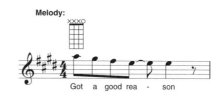

Melody:

Got a good rea - son

E7   A7   F#7   G#7   C#7   B7

12 3   213   2314   1324   1211   1211

Intro | E7 | ‖: E7 | | | :‖

Verse 1
E7
Got a good reason

For taking the easy way out.
A7
Got a good reason
        E7
For taking the easy way out, now.
        F#7
She was a day tripper,

One way ticket, yeah.
        A7 G#7   C#7
It took me so   long to find out,
        B7
And I found out.

| E7 | | | |

Verse 2

E7
She's a big teaser,

She took me half the way there.
A7
She's a big teaser,
E7
She took me half the way there, now.
F#7
She was a day tripper,

One way ticket, yeah.
    A7 G#7   C#7
It took me so long to find out,
      B7
And I found out.

Solo

‖: B7 | | | :‖ *Play 3 times*

| E7 | | | |

Verse 3

E7
Tried to please her,

She only played one night stands.
A7
Tried to please her,
E7
She only played one night stands, now.
F#7
She was a day tripper,

Sunday driver, yeah.
    A7 G#7   C#7
It took me so long to find out,
      B7
And I found out.

Outro

‖: E7 | | | :‖

‖: Day tripper, day tripper, yeah.

Day tripper, day tripper, yeah. :‖ *Repeat and fade*

Dear Prudence

Words and Music by
John Lennon and Paul McCartney

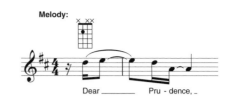

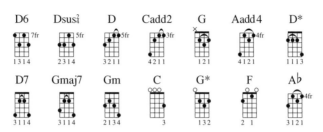

Intro

|D6 Dsus⁴ |D Cadd2 |G Aadd4 |Cadd2 |
|D* D7 |Gmaj7 Gm |

Verse 1

      D*   D7 Gmaj7 Gm
Dear Prudence,
                      D* D7 Gmaj7 Gm
Won't you come out to play?
      D*   D7 Gmaj7 Gm
Dear Prudence,
                D* D7 Gmaj7 Gm
Greet the brand new day.
    D*   D7
The sun is up, the sky is blue,
    Gmaj7   Gm
It's beautiful and so are you,
    D*   D7
Dear Prudence,
   C   G*   D* D7 Gmaj7 Gm
Won't you come out to play?

Verse 2

          D*   **D7 Gmaj7 Gm**
Dear Prudence,

                D* D7 Gmaj7 Gm
Open up your eyes.

        D*   **D7 Gmaj7 Gm**
Dear Prudence,

             D*   **D7 Gmaj7 Gm**
See the sunny skies.

        D*   **D7**
The wind is low, the birds will sing,

        Gmaj7   **Gm**
That you are part of everything,

        D*   **D7**
Dear Prudence,

C   **G***   **D*** **G Aadd4 G**
Won't you open up your eyes?

Bridge

           D*   **G**
Look a - round, 'round, ('Round, 'round, 'round,

Aadd4   **G***
'Round, 'round, 'round, __ 'round, 'round.)

           D*   **G**
Look a - round, 'round, __ 'round, ('Round, 'round,

Aadd4   **G**
'Round, 'round, 'round, __ 'round, 'round.)

           F   **A♭** **G***
Look a - round, ah.

| **D* D/C** | **Gmaj7 Gm** |

Verse 3

    D*   **D7 Gmaj7 Gm**
Dear   Prudence,

             D*   **D7 Gmaj7 Gm**
Let me see you smile.

    D*   **D7 Gmaj7 Gm**
Dear   Prudence,

           D*   **D7 Gmaj7 Gm**
Like a little child.

    D*   **D7**
The clouds will be a daisy chain

  Gmaj7   **Gm**
So let me see you smile again,

    D*   **D7**
Dear   Prudence,

C   **G**   **D*   D7   Gmaj7   Gm**
Won't you let me see you smile?

Verse 4

    D*   **D7 Gmaj7 Gm**
Dear   Prudence,

          D*   D7 Gmaj7 Gm
Won't you come out to play?

    D*   **D7 Gmaj7 Gm**
Dear   Prudence,

           D* D7 Gmaj7 Gm
Greet the brand new day.

    D*   **D7**
The sun is up, the sky is blue,

  Gmaj7   **Gm**
It's beautiful and so are you,

    D*   **D7**
Dear Prudence,

C   **G***   **D***
Won't you come out to play?

|**D6 Dsus⁴** |**D Cadd2** |**G Aadd4** |**Cadd2** |**D***

Everybody's Got Something to Hide Except Me and My Monkey

Words and Music by
John Lennon and Paul McCartney

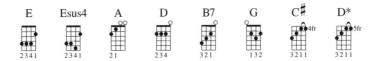

Intro

‖: E Esus4 A │ E Esus4 A :‖

Verse 1

E
Come on, come on,

Come on, come on.

Come on is such a joy,

Come on is such a joy.

Come on is take it easy,

Come on is take it easy.

Chorus 1

        A

Take it easy,

        D

Take it easy.

        B7

Every - body's got something to hide

                        E   **D G E G D**

Except for me and my monkey.

Verse 2

        E

The deeper you go, the higher you fly,

The higher you fly, the deeper you go,

So come on, come on.

Come on is such a joy,

Come on is such a joy.

Come on is make it easy,

Come on is take it easy.

Chorus 2   *Repeat Chorus 1*

Verse 3

        E
Your inside is out when your outside is in,

Your outside is in when your inside is out,

So come on, come on,

Come on is such a joy,

Come on is such a joy.

Come on is make it easy,

Come on is make it easy.

Chorus 3

        A
Make it easy,

        D
Make it easy.

       B7
Every - body's got something to hide

               E   **D G E G D**
Except for me and my monkey.

Outro

N.C.
(Come on, come on, come on.)

| C# D* C# D* | C# D* C# D* | C# D* C# D* |

‖: E Esus4 A | E Esus4 A :‖ *Repeat and fade*
(Come on, come on, come on.)

THE BEATLES

Don't Bother Me

Words and Music by
George Harrison

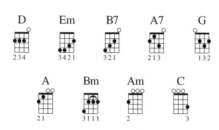

Intro | D | | Em |

Verse 1
                                                B7   A7   G   Em
Since she's been gone, __ I want no one __ to talk to me.
                    B7   A7   G
It's not the same, __ but I'm to blame, __ it's plain to see.
              Em   A   Em
So go away, __ leave me alone, __ don't bother me.

Verse 2
                                                B7   A7   G   Em
I can't believe __ that she would leave __ me on my own.
                    B7   A7   G
It's just not right __ when every night __ I'm all a - lone.
              Em   A   Em
I've got no time __ for you right now, __ don't bother me.

		D		Em

Bridge 1

                  D   **Em**
I know I'll never be the same

                  D   **Em**
If I don't get her back a - gain,

                  Bm   **Am**
Because I know she'll always be

           C   **Em**
The only girl for me.

Verse 3

                  B7   **A7**   **G**   **Em**
But till she's here, __ please don't come near, __ just stay away.

              B7   **A7**   **G**
I'll let you know __ when she's come home, __ until that day,

                  Em   **A**   **Em**
Don't come around, __ leave me alone, __ don't bother me.

Interlude

B7	A7	G	Em	
B7	A7	G		

    N.C.   **Em**   **A**   **Em**
I've got no time __ for you right now, __ don't bother me.

Bridge 2   *Repeat Bridge 1*

Verse 4

    N.C.   **B7**   **A7**   **G**   **Em**
But till she's here, __ please don't come near, __ just stay away.

              B7   **A7**   **G**
I'll let you know __ when she's come home, __ until that day,

                  Em   **A**   **Em**
Don't come around, __ leave me alone, __ don't bother me.

      A   **Em**
‖: Don't bother me. :‖ *Repeat and fade*

Don't Let Me Down

Words and Music by
John Lennon and Paul McCartney

E	Esus4	F#m	F#m7	Emaj7	B7

Intro

| E Esus4 | E | |

Chorus 1

              F#m
Don't let me down.

              E   **Esus4** **E**
Don't let me down.

              F#m
Don't let me down,

              E   **Esus4** **E**
Don't let me down.

Verse 1

N.C.   **F#m7**
Nobody ever loved me like she does,

                        Emaj7 **Esus4** **E**
Ooh, she does, yes she does,

N.C.   **F#m7**
And if somebody loved me like she do me,

                        Emaj7 **Esus4** **E**
Ooh, she do me, yes she does.

Chorus 2

Repeat Chorus 1

Bridge

N.C.   E
I'm in love for the first time,

                        B7
Don't you know it's going to last.

It's a love that lasts forever,

              E   Esus4 E
It's a love that has no   past.

Chorus 3

Repeat Chorus 1

Verse 2

N.C.   F#m7
And from the first time that she really done me,

                 Emaj7 Esus4 E
Ooh, she done me, she done me good.

N.C.   F#m7
I guess nobody ever really done me,

                 Emaj7 Esus4 E
Ooh, she done me, she done me good.

Chorus 4

        F#m
Don't let me down, hey!

        E   Esus4 E
Don't let me down.

        F#m
Don't let me down,

        E   Esus4 E
Don't let me down.

F#m   E   Esus4 E
  Don't let me down,

        F#m
Don't let me down.

Can you dig it?

        E   Esus4 E
Don't let me down.

Drive My Car

Words and Music by
John Lennon and Paul McCartney

Melody:

Asked a girl what she want-ed to be,

D7	G7	A7#9	Bm	E	A	D	G
1112	213	2134	3111	21	21	234	132

Intro |D7 | |

Verse 1

    D7   **G7**
    Asked a girl what she wanted to be,

    D7   **G7**
    She said, baby, can't you see?

    D7   **G7**
    I wanna be famous, a star of the screen,

    A7#9
    But you can do something in between.

Chorus 1

    Bm   **G7 Bm**   **G7**
    Baby, you can drive my car, yes I'm gonna be a star,

    Bm   **E**   **A**   **D**   **G A**
    Baby, you can drive my car, and maybe I'll love you.

Verse 2

    D7   **G7**
    I told that girl that my prospects were good,

    D7   **G7**
    She said, baby, it's understood.

    D7   **G7**
    Working for peanuts is all very fine,

    A7#9
    But I can show you a better time.

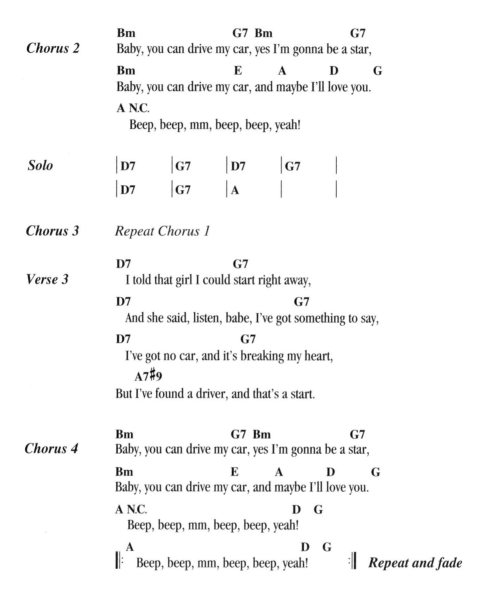

Chorus 2

Bm   G7 Bm   G7
Baby, you can drive my car, yes I'm gonna be a star,

Bm   E   A   D   G
Baby, you can drive my car, and maybe I'll love you.

A N.C.
  Beep, beep, mm, beep, beep, yeah!

Solo

| D7 | G7 | D7 | G7 | |
| D7 | G7 | A | | |

Chorus 3   *Repeat Chorus 1*

Verse 3

D7   G7
  I told that girl I could start right away,

D7   G7
  And she said, listen, babe, I've got something to say,

D7   G7
  I've got no car, and it's breaking my heart,

   A7$\sharp$9
But I've found a driver, and that's a start.

Chorus 4

Bm   G7 Bm   G7
Baby, you can drive my car, yes I'm gonna be a star,

Bm   E   A   D   G
Baby, you can drive my car, and maybe I'll love you.

A N.C.   D   G
  Beep, beep, mm, beep, beep, yeah!

   A   D   G
‖: Beep, beep, mm, beep, beep, yeah!   :‖ *Repeat and fade*

Eight Days a Week

Words and Music by
John Lennon and Paul McCartney

Melody:

Oo, I need your love, babe, _

Dadd9   E   G6   D   E7   G   Bm   E*   A

Intro | Dadd9 | E | G6 | Dadd9 |

Verse 1
          D   E7
Ooh, I need your love, babe,

          G   D
Guess you know it's true.

                      E7
Hope you need my love, babe,

          G   D
Just like I need you.

Chorus 1
          Bm   G
Hold me, love me.

          Bm   E*
Hold me, love me.

          D   E7
I ain't got nothing but love, babe,

          G   D
    Eight days a week.

Verse 2
          D   E7
Love you every day, girl,

             G   D
You're always on my mind.

          D   E7
One thing I can say, girl,

          G   D
Love you all the time.

Chorus 2	**Bm** **G**
	 Hold me, love me.
	
	 Bm **E***
	 Hold me, love me.
	
	   D **E7**
	 I ain't got nothing but love, babe,
	
	 G **D**
	   Eight days a week.

Bridge 1	**A**
	 Eight days a week,
	
	  Bm
	 I love you.
	
	 E*
	 Eight days a week
	
	   G **A**
	 Is not enough to show I care.

Verse 3	*Repeat Verse 1*
Chorus 3	*Repeat Chorus 1*
Bridge 2	*Repeat Bridge 1*
Verse 4	*Repeat Verse 2*

Chorus 4	**Bm** **G**
	 Hold me, love me.
	
	 Bm **E***
	 Hold me, love me.
	
	   D **E7**
	 I ain't got nothing but love, girl,
	
	 G **D**
	   Eight days a week.
	
	 G **D**
	   Eight days a week.
	
	 G **D**
	   Eight days a week.

Outro	|**Dadd9** |**E** |**G6** |**Dadd9**

Eleanor Rigby

Words and Music by
John Lennon and Paul McCartney

C   Em   Em7   Em6   Em(add♭6)

Intro

    C   Em
Ah, look at all the lonely people!

    C   Em
Ah, look at all the lonely people!

Verse 1

Em
Eleanor Rigby,

                                       C
Picks up the rice in the church where a wedding has been,

        Em
Lives in a dream.

Waits at the window,

                           Em7   C
Wearing a face that she keeps in a jar by the door,

        Em
Who is it for?

Chorus 1

Em7   Em6   Em(add♭6)   Em
All the lonely people, where do they all come from?

Em7   Em6   Em(add♭6)   Em
All the lonely people, where do they all be - long?

Verse 2	**Em** Father McKenzie,

Em

Verse 2   Father McKenzie,

                                                    C

Writing the words of a sermon that no one will hear,

                 Em

No one comes near.

Look at him working,

                                                  C

Darning his socks in the night when there's nobody there,

                 Em

What does he care?

Chorus 2   *Repeat Chorus 1*

    C   **Em**

Bridge   Ah, look at all the lonely people!

    C   **Em**

Ah, look at all the lonely people!

    Em

Verse 3   Eleanor Rigby,

                                              C

Died in the church and was buried along with her name,

                 Em

Nobody came.

Father McKenzie,

                                              C

Wiping the dirt from his hands as he walks from the grave,

                 Em

No one was saved.

Chorus 3   *Repeat Chorus 1*

Fixing a Hole

Words and Music by
John Lennon and Paul McCartney

Intro

| F | C+ | Fm7 | Bb9 |

Verse 1

     F   C+   Fm7   Fm6
I'm fixing a hole __ where the __ rain gets in,

   Fm7   Bb9
And stops my mind from wan - dering

      Fm7 Bb9 Fm7 Bb7
Where it will __ go.

Verse 2

     F   C+   Fm7   Fm6
I'm filling the cracks __ that ran __ through the door,

   Fm7   Bb9
And kept my mind from wan - dering

      Fm7 Bb9 Fm7 Bb7
Where it will __ go.

Bridge 1

     F   Gm(add4)   F
And it really doesn't mat - ter if I'm wrong,

    Gm(add4) F
I'm right where I belong,

    Gm(add4) F
I'm right where I belong.

C   G7
See the people stand - ing there

     C   G7
Who disagree and never win,

     C   G7   C
And wonder why they don't get in my __ door.

Verse 3

         F   C+   Fm7   Fm6
I'm painting the room __ in a col - orful way,
    Fm7   Bb9
And when my mind is wan - dering,
         Fm7   Bb9
There I will __ go,
  Fm7   Bb7
Ooh, ooh, ooh, uh, uh, hey, hey, hey.

Solo

| F   C+ | Fm7 Fm6 | Fm7 | Bb9 |
| Fm7 | Bb9 | Fm7 | Bb9 |

Bridge 2

           F   Gm(add4)   F
And it really doesn't mat - ter if I'm wrong,
      Gm(add4)   F
I'm right   where I belong,
      Gm(add4)   F
I'm right   where I belong.
C   G7
Silly people run around,
     C   G7
They worry me and never ask me
C   G7   C
Why they don't get past my door.

Verse 4

        F   C+   Fm7   Fm6
I'm taking the time __ for a num - ber of things
     Fm7   Bb9
That weren't important yes - terday,
        Fm7   Bb9   Fm7   Bb7
And I still __ go.

Verse 5

        F   C+   Fm7   Fm6
‖: I'm fixing a hole __ where the rain __ gets in,
    Fm7   Bb9
And stops my mind from wan - dering
        Fm7   Bb9
Where it will __ go,
        Fm7   Bb7
Where it will __ go. :‖   *Repeat and fade*

The Fool on the Hill

Words and Music by
John Lennon and Paul McCartney

Melody:

Day af - ter day, ___   a - lone on a hill, ___

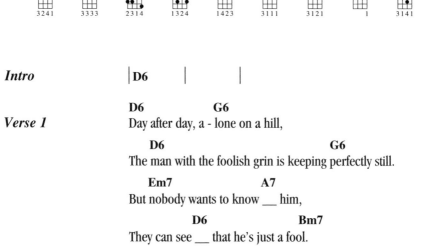

D6   G6   Em7   A7   Bm7   Dm   B♭   C7   Dm7

Intro　　　　|D6　　　　|　　　|

Verse 1

      D6   **G6**
Day after day, a - lone on a hill,

      D6   **G6**
The man with the foolish grin is keeping perfectly still.

      Em7   **A7**
But nobody wants to know __ him,

            D6   **Bm7**
They can see __ that he's just a fool.

      Em7   **A7**
And he never gives an an - swer;

Chorus 1

            Dm B♭   **Dm**
But the fool __ on the hill

            B♭
Sees the sun __ going down,

            C7
And the eyes __ in his head

            Dm   **Dm7 D6**
See the world __ spinning 'round.

	D6 **G6**
Verse 2	Well on the way, head in a cloud,

D6   **G6**
The man of a thousand voices talking perfectly loud.

Em7   **A7**
But nobody ever hears __ him,

       D6   **Bm7**
Or the sound __ he appears to make.

Em7   **A7**
And he never seems to no - tice;

Chorus 2   *Repeat Chorus 1*

Solo   ‖: **D6** | | **Em/D** | :‖

Em7   **A7**
Verse 3   And nobody seems to like __ him,

       D6   **Bm7**
They can tell __ what he wants to do.

Em7   **A7**
And he never shows his feel - ings;

Chorus 3

        Dm B♭   **Dm**
But the fool __ on the hill

      B♭
Sees the sun __ going down,

      C7
And the eyes __ in his head

      Dm   **Dm7**
See the world __ spinning 'round.

D6   **G6**
 (Oh,   oh,

D6   **G6**
'Round, 'round, 'round, 'round, 'round.)

Verse 4

    Em7   **A7**
And he never listens to __ them,

   D6   **Bm7**
He knows that they're the fool.

Em7   **A7**
 They don't like him;

Chorus 4

      Dm B♭   **Dm**
The fool __ on the hill

      B♭
Sees the sun __ going down,

      C7
And the eyes __ in his head

      Dm   **Dm7**
See the world __ spinning 'round.

 D6
‖: (Oh,

G6
'Round, 'round, 'round,

'Round, and…) :‖   *Repeat and fade*

Get Back

Words and Music by
John Lennon and Paul McCartney

Melody:

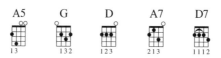

Jo - Jo was a man who thought _ he was a lon - er,

A5   G   D   A7   D7

13   132   123   213   1112

Intro | A5 | | | G D |

Verse 1

A5
Jo-Jo was a man who thought he was a loner,

D   A5
But he knew it couldn't last.

Jo-Jo left his home in Tucson, Arizona

D   A5
For some California grass.

Chorus 1

    A7
Get back, get back,

    D7   A5   G   D
Get back to where you once be - longed.

    A7
Get back, get back,

    D7   A5
Get back to where you once be - longed.

Get back, Jo-Jo.

| Solo 1 | ‖⋮ A5   \| \|D   \|A5   G   D ⋮‖ |

Chorus 2

A7
Get back, get back,

D7   A5   G   D
Get back to where you once be - longed.

A7
Get back, get back,

A5   D
Get back to where you once be - longed.

A5
Get back, Jo-Jo.

Solo 2   *Repeat Solo 1*

Verse 2

A5
Sweet Loretta Martin though she was a woman,

D   A5
But she was another man.

All the girls around her say she's got it coming

D   A5
But she gets it while she can.

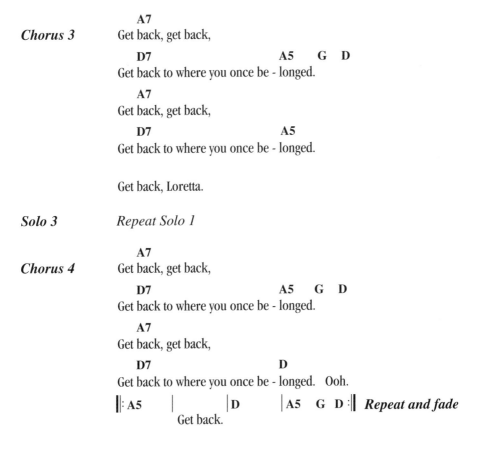

	A7
Chorus 3	Get back, get back,

D7   A5   G   D

Get back to where you once be - longed.

A7

Get back, get back,

D7   A5

Get back to where you once be - longed.

Get back, Loretta.

Solo 3   *Repeat Solo 1*

	A7
Chorus 4	Get back, get back,

D7   A5   G   D

Get back to where you once be - longed.

A7

Get back, get back,

D7   D

Get back to where you once be - longed.   Ooh.

‖: A5 | |D |A5   G D :‖ *Repeat and fade*

        Get back.

From Me to You

Words and Music by
John Lennon and Paul McCartney

Melody:

Da, da,   da,   da, da, dum, dum,   da.

C   Am   G7   F   C7   Gm   D7   G   G+   Am(maj7)

Intro

C	Am

Da, da, da, da, da, dum, dum, da,

Da, da, da, da, da, dum, dum, da.

Verse 1

C   Am
If there's anything that you want,

C   G7
If there's anything I can do,

F   Am
Just call on me and I'll send it along,

C   G7   C   Am
With love from me to you.

Verse 2

C   Am
I've got everything that you want,

C   G7
Like a heart that's oh so true,

F   Am
Just call on me and I'll send it along,

C   G7   C   C7
With love from me to you.

Bridge 1

        Gm   **C**
I got arms that long to hold you,

      F
And keep you by my side,

      D7
I got lips that long to kiss you,

      G   **G+**
And keep you satis - fied.

Verse 3   *Repeat Verse 1*

Solo | **C** | **Am**   From me.

         | **C** | **G7**   To you.

      F   **Am**
Just call on me and I'll send it along,

      C   **G7** **C** **C7**
With love from me to you.

Bridge 2

        Gm   **C**
I got arms that long to hold you,

      F
And keep you by my side,

      D7
I got lips that long to kiss you,

      G   **G+**
And keep you satis - fied.

Verse 4

        C   **Am**
If there's anything that you want,

        C   **G7**
If there's anything I can do,

      F   **Am**
Just call on me and I'll send it along,

      C   **G7**   **C**
With love from me to you.

      Am
To you,

      Am(maj7)
To you,

      C   **Am**
To you.

Girl

Words and Music by
John Lennon and Paul McCartney

Melody:

Is there an-y-bod - y go'n' to lis-ten to ___ my sto-ry,

Cm	G7	Cm7	Fm	E♭	Gm	B♭7	C	A♭
3111	213	3141 3fr	3421	2341	231	1324	3	3121

Verse 1

        Cm   G7   Cm Cm7
Is there anybody go'n' to listen to my story,

Fm   E♭   G7
All about the girl who came to stay?

        Cm   G7   Cm   Cm7
She's the kind of girl you want so much it makes you sorry,

Fm   Cm
Still, you don't regret a single day.

Chorus 1

        E♭   Gm Fm B♭7
Ah, girl.

E♭ Gm Fm B♭7
Girl, girl.

Verse 2

        Cm   G7   Cm   Cm7
When I think of all the times I've tried so hard to leave her,

Fm   E♭   G7
She will turn to me and start to cry.

        Cm   G7   Cm   Cm7
And she promises the earth to me and I be - lieve her,

Fm   Cm
After all this time, I don't know why.

Chorus 2   *Repeat Chorus 1*

Bridge

Fm
She's the kind of girl

        C
Who puts you down when friends are there,

    Fm   C
You feel a fool.

Fm
When you say she's looking good,

  C
She acts as if it's understood,

   Fm   A♭
She's cool, oo, oo, oo.

Chorus 3

E♭ Gm Fm B♭7
Girl.

E♭ Gm Fm B♭7
Girl, girl.

Verse 3

     Cm   G7   Cm   Cm7
Was she told when she was young that pain would lead to pleas - ure?

Fm   E♭   G7
Did she understand it when they said,

     Cm   G7   Cm   Cm7
That a man must break his back to earn his day of lei - sure?

Fm   Cm
Will she still believe it when he's   dead?

Chorus 4   *Repeat Chorus 1*

Solo |Cm G7 |Cm Cm7|Fm |E♭ G7 |

           |Cm G7 |Cm Cm7|Fm |Cm |

Chorus 5

     E♭ Gm Fm B♭7
Ah, girl.

E♭ Gm Fm B♭7
Girl, girl.   ***Fade out***

Golden Slumbers

Words and Music by
John Lennon and Paul McCartney

Intro

| Am7 |

Verse 1

Am7   Dm
Once there was a way to get back home - ward,
G7   C
Once there was a way to get back home.
E7   Am Asus2 Dm(add9)
Sleep, pretty dar - ling, do not cry,
G7   C
And I will sing a lullaby.

Chorus

C   Fadd9   C
Golden slum - bers fill your eyes,
              Fadd9   C
Smiles awake __ you when you rise.
E7   Am Asus2   Dm(add9)
Sleep, pretty dar - ling, do not cry,
G   C
And I will sing a lullaby.

Verse 2

Am7   Dm
Once there was a way to get back home - ward,
G7   C
Once there was a way to get back home.
E7   Am Asus2   Dm(add9)
Sleep, pretty dar - ling, do not cry,
G7   C
And I will sing a lullaby.

A Hard Day's Night

Words and Music by
John Lennon and Paul McCartney

Melody:

It's been a hard day's night, ___

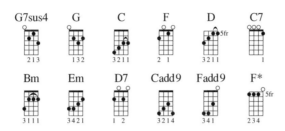

G7sus4   G   C   F   D   C7   Bm   Em   D7   Cadd9   Fadd9   F*

Verse 1

      G7sus4   **G**   **C**   **G**
It's been a hard day's night,

                F   **G**
And I've been working like a dog.

         C   **G**
It's been a hard day's night,

             F   **G**
I should be sleeping like a log.

         C
But when I get home to you,

         D
I find the things that you do,

        G **C7** **G**
Will make me feel al - right.

Verse 2

        G   C G
You know I work all day,

      F   G
To get you money to buy you things.

               C   G
And it's worth it just to hear you say,

        F   G
You're gonna give me ev'ry - thing.

      C
So why on earth should I moan,

        D
'Cause when I get you alone,

       G   C7 G
You know I feel O. K.

Bridge 1

      Bm
When I'm home

Em   Bm
Ev'rything seems to be right.

      G
When I'm home,

Em
Feeling you holding me

C7   D7
Tight, tight, yeah.

Verse 3   *Repeat Verse 1*

Solo   ‖: G C |G |F |G   :‖

Verse 4

            C
So why on earth should I moan,

            D
'Cause when I get you alone,

         G C7 G
You know I feel O. K.

Bridge 2   *Repeat Bridge 1*

Verse 5   *Repeat Verse 1*

          C7   **G C7 G**
Outro   You know I feel al - right,

          C7   **G Cadd9 Fadd9 F***
         You know I feel al -   right.

         ‖: **Fadd9 F*** |**Fadd9 F***   :‖ *Repeat and fade*

Good Day Sunshine

Words and Music by
John Lennon and Paul McCartney

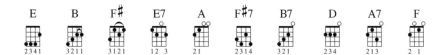

E	B	F♯	E7	A	F♯7	B7	D	A7	F

Intro	|E | | | |

Chorus 1

    B   F♯   B   F♯
Good day sunshine. Good day sunshine.

E   E7
Good day sun - shine.

Verse 1

        A   F♯7   B7
I need to laugh, and when the sun is out,

E7   A
I've got something I can laugh about.

         F♯7   B7
I feel good in a spe - cial way,

E7   A
I'm in love and it's a sunny day.

Chorus 2   *Repeat Chorus 1*

Verse 2

          A   F#7   B7
We take a walk,   the sun is shining down,

E7   A
Burns my feet as they touch the ground.

Solo

| D B7 | E7 | A7 | D |

Chorus 3   *Repeat Chorus 1*

Verse 3

             A F#7   B7
Then we lie   beneath a shady tree,

E7   A
I love her and she's loving me.

                F#7   B7
She feels good,   she knows she's looking fine.

E7   A
I'm so proud to know that   she is mine.

Chorus 4   *Repeat Chorus 1*

Chorus 5

B   F#   B   F#
Good day sunshine. Good day sunshine.

E   E7
Good day sun - shine.

     F
||: Good day sunshine. :|| *Repeat and fade*

Good Night

Words and Music by
John Lennon and Paul McCartney

Melody:

Now it's time to say good night,

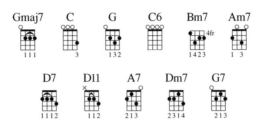

Gmaj7 C G C6 Bm7 Am7

D7 D11 A7 Dm7 G7

Intro

|Gmaj7 C |Gmaj7 C |G C6 |
|G C6 |G Bm7 |Am7 D7 |

Verse 1

G Bm7 Am7
Now it's time to say good night,

Bm7 Am7 C6 D7
Good night, sleep tight.

G Bm7 Am7
Now the sun turns out his light,

Bm7 Am7 C6 D7
Good night, sleep tight.

Gmaj7 D11 Gmaj7 D11
Dream sweet dreams for me,

G C G C
Dream sweet dreams for you.

Verse 2

G   Bm7   Am7
Close your eyes and I'll close mine,

Bm7 Am7 C6   D7
Good night, sleep tight.

G   Bm7   Am7
Now the moon be - gins to shine,

Bm7 Am7 C6   D7
Good night, sleep tight.

Gmaj7   D11   Gmaj7 D11
Dream sweet dreams for me,

G   C   G   C
Dream sweet dreams for you.

Bridge

| G Am7 | A7 Dm7 | G7 C | D7 Am7 D7 |
Mm,   mm,   mm.

Verse 3

G   Bm7   Am7
Close your eyes and I'll close mine,

Bm7 Am7 C6   D7
Good night, sleep tight.

G   Bm7   Am7
Now the sun turns out his light,

Bm7 Am7 C6   D7
Good night, sleep tight.

Gmaj7   D11   Gmaj7 D11
Dream sweet dreams for me,

G   C   G   C
Dream sweet dreams for you.

Outro

| G Bm7 | Am7 D7 |
             Good night,

G   Bm7
  Good night every - body.

Am7
Everybody everywhere,

D7   G
  Good night.

Got to Get You Into My Life

Words and Music by
John Lennon and Paul McCartney

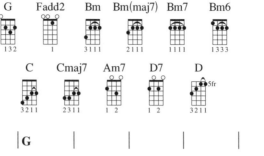

Intro |G | | | |

Verse 1

G
   I was alone, I took a ride,
                    Fadd2
I didn't know what I would find there.
G
   Another road where maybe I
                    Fadd2
Could see another kind of mind there.

Pre-Chorus 1

Bm Bm(maj7) Bm7   Bm6
Ooh,   then I suddenly see you.
Bm Bm(maj7) Bm7   Bm6
Ooh,   did I tell you I need you
C   Cmaj7 Am7 D7   G
Ev'ry single day of my life?

Verse 2

G
   You didn't run, you didn't lie,
                    Fadd2
You knew I wanted just to hold you.
G
   And had you gone, you knew in time
                    Fadd2
We'd meet again, for I had told you.

Pre-Chorus 2

Bm Bm(maj7) Bm7   Bm6
Ooh,   you were meant to be near me.

Bm Bm(maj7) Bm7   Bm6
Ooh,   and I want you to hear me,

C   Cmaj7 Am7 D7 G
Say we'll be   to - gether ev'ry day.

Chorus 1

G   C D   G
Got to get you into my life!

Verse 3

G
   What can I do, what can I be?
                              Fadd2
When I'm with you, I want to stay there.
G
   If I am true I'll never leave,
                         Fadd2
And if I do, I know the way there.

Pre-Chorus 3

Repeat Pre-Chorus 1

Chorus 2

G   C D
Got to get you into my life!
| G | | Fadd2 | C   G |
                         C   D   G
I've got to get you into my life!

I was alone, I took a ride,

I didn't know what I would find there.

Another road where maybe I

Could see another kind of mind there.

Then I suddenly see you,

Did I tell you I need you

Ev'ry single day...   *Fade out*

Hello, Goodbye

Words and Music by
John Lennon and Paul McCartney

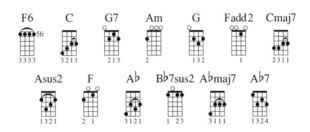

F6 C G7 Am G Fadd2 Cmaj7
Asus2 F A♭ B♭7sus2 A♭maj7 A♭7

Verse 1

  F6   C
You say yes, I say no.

  G7   Am   G7
You say stop, but I say go, go, go.

  Am   G7
  Oh no.

  G   G7   Fadd2
You say goodbye ___ and I say

Chorus 1

       C Cmaj7   Am Asus2
Hello,   hello, hello.

             F   A♭
I don't know why you say goodbye, ___ I say

       C Cmaj7   Am Asus2
Hello,   hello, hello.

             F   B♭7sus2   C
I don't know why you say goodbye, ___ I say hello.

Verse 2

F6   C
I say high, you say low,

G7   Am   G7
You say why and I say I don't know.

Am   G7
  Oh no.

G   G7   Fadd2
You say goodbye __ and I say hello.

Chorus 2

C   Cmaj7   Am
(Hello, goodbye, hello, goodbye.)
               Hello, hello.

 Asus2   F   A♭
(Hello,   goodbye.)
     I don't know why you say goodbye, __ I say hello.

C   Cmaj7   Am
(Hello, goodbye, hello, goodbye.)
               Hello, hello.

 Asus2   F   B♭7sus2   C
(Hello,   goodbye.)
     I don't know why you say goodbye, __ I say hello.
                   (Hello, goodbye.)

Bridge

F6 C   G7
    Why, why, why, why, why, why,

           Am   G7
Do you say __ goodbye, goodbye?

Am   G7
  Oh no.

G   G7   Fadd2
You say goodbye __ and I say

Chorus 3   *Repeat Chorus 1*

Verse 3

F6   C
You say yes,   I say no,
         (I say yes, __ but I may mean no.)

G7   Am   G7
You say stop,   but I __ say go, go, go.
        (I can stay __ till it's time to   go.)

Am   G7
 Oh no

G   G7   Fadd2
You say goodbye, __ and I say

Chorus 4

Repeat Chorus 1

Chorus 5

Cmaj7   Am   Asus2
 Hello, hello,

           F   A♭   A♭maj7 A♭7 F
I don't know why you say goodbye, __ I say hello,

     C
Hel - lo.

Outro

   C
‖: Hela, heba, helloa. :‖ *Repeat and fade*

Helter Skelter

Words and Music by
John Lennon and
Paul McCartney

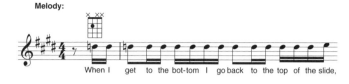

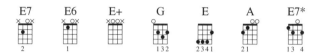

When I   get   to the bot-tom I   go back   to   the   top   of   the slide,

E7   E6   E+   G   E   A   E7*

Intro | E7 |

Verse 1
           E7   E6
When I get to the bottom I go back to the top of the slide,

                             E+
Where I stop and turn and I go for a ride,

                            G
Till I get to the bottom, and I see you again,

               E
Yeah, yeah, yeah!

Verse 2
    E
Do you, don't you want me to love you?

I'm coming down fast, but I'm miles above you.

Tell me, tell me, tell me,

       G
Come on, tell me the answer.

       A   E
Well, you may be a lover, but you ain't no dan - cer.

Chorus 1	A E Helter Skelter, Helter Skelter. A E Helter Skelter, yeah!
Verse 3	E Will you, won't you want me to make you? I'm coming down fast, but don't let me break you. G Tell me, tell me, tell me the answer. A E You may be a lover, but you ain't no dancer. Look out!
Chorus 2	A E Helter Skelter, Helter Skelter. A E Helter Skelter, yeah! E Look out 'cause here she comes!
Solo	|A |E |A |E |
Verse 4	*Repeat Verse 1*

	E
Verse 5	Well, do you, don't you want me to make you?

I'm coming down fast, but don't let me break you.

G
Tell me, tell me, tell me your answer.

      A   E
Well, you may be a lover, but you ain't no dan - cer.

Look out!

Chorus 3

A   E
Helter Skelter, Helter Skelter.

A
Helter Skelter.

E
   Look out! Helter Skelter!

She's coming down fast!

Yes she is, yes she is, coming down fast.

Outro   ‖: E7* | :‖ *Repeat and fade*

Help!

Words and Music
by John Lennon and Paul McCartney

Melody:

(Help!)   I   need some bod - y.

Bm   G   E   A   C#m   F#m   D   Asus2   A6

Intro

      Bm
(Help!) I need somebody.

      G
(Help!) Not just anybody.

      E
(Help!) You know I need someone.

      A
(Help!)

Verse 1

      A   **C#m**
When I was younger, so much younger than today,

F#m   **D**   **G**   **A**
I never needed anybody's help in any way.

                       C#m
But now those days are gone and I'm not so self-assured,

F#m   **D**   **G**   **A**
Now I find I've changed my mind, and opened up the doors.

	Bm
Chorus 1	Help me if you can, I'm feeling down,
	G
	And I do appreciate you being 'round.
	E
	Help me get my feet back on the ground.
	A **Asus2** **A** **Asus2** **A**
	Won't you please, please help me?

	A **C♯m**
Verse 2	And now my life has changed in oh, so many ways.
	F♯m **D** **G** **A**
	My independence seems to vanish in the haze.
	C♯m
	But ev'ry now and then I feel so insecure.
	F♯m **D** **G** **A**
	I know that I just need you like I've never done __ before.

Chorus 2	*Repeat Chorus 1*
Verse 3	*Repeat Verse 1*

	Bm
Chorus 3	Help me if you can, I'm feeling down,
	G
	And I do appreciate you being 'round.
	E
	Help me get my feet back on the ground.
	A **F♯m**
	Won't you please, please help me?
	A **A6**
	Help me, help me, ooh, mm.

Her Majesty

Words and Music by
John Lennon and Paul McCartney

Melody:

Her Maj - es - ty's a pret - ty nice __ girl,

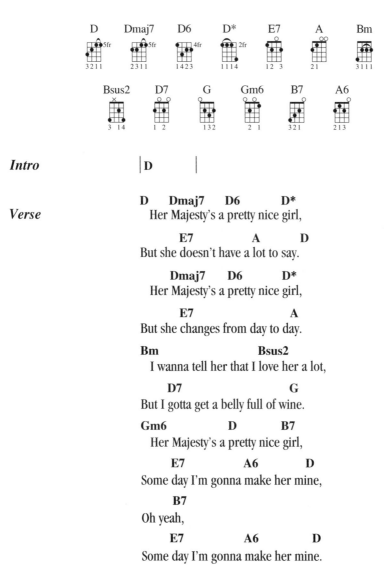

Intro | D |

Verse
       D   Dmaj7   D6   D*
       Her Majesty's a pretty nice girl,

       E7   A   D
       But she doesn't have a lot to say.

       Dmaj7   D6   D*
       Her Majesty's a pretty nice girl,

       E7   A
       But she changes from day to day.

       Bm   Bsus2
       I wanna tell her that I love her a lot,

       D7   G
       But I gotta get a belly full of wine.

       Gm6   D   B7
       Her Majesty's a pretty nice girl,

       E7   A6   D
       Some day I'm gonna make her mine,

       B7
       Oh yeah,

       E7   A6   D
       Some day I'm gonna make her mine.

Hey Jude

Words and Music by
John Lennon and Paul McCartney

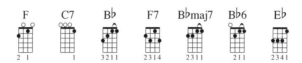

Hey   Jude,   don't make it bad,

F	C7	B♭	F7	B♭maj7	B♭6	E♭

               F   C7

Verse 1   Hey Jude, don't make it bad.

                                    F

         Take a sad song and make it better.

         B♭   F

         Re - member to let her into your heart,

                       C7   F

         Then you can start __ to make it bet - ter.

               F   C7

Verse 2   Hey Jude, don't be a - fraid.

                                    F

         You were made to go out and get her.

         B♭   F

         The minute you let her under your skin,

                       C7   F   F7

         Then you begin __ to make it bet - ter.

	B♭

Bridge 1
                B♭
And anytime you feel the pain,

    B♭maj7   **B♭6**
Hey Jude, __ refrain.

    B♭   **C7**   **F**   **F7**
Don't car - ry the world __ upon your shoul - ders.

                      B♭
For well you know that it's a fool

    B♭maj7   **B♭6**
Who plays __ it cool

    B♭   **C7**   **F**
By mak - ing his world __ a little cold - er.

      F7   **C7**
Na, na, na, na, na, na, na, na, na.

Verse 3
     F   **C7**
Hey Jude, don't let me down.

                          F
You have found her, now go and get her.

    B♭   **F**
Re - member to let her into your heart,

                C7   **F** **F7**
Then you can start __ to make it bet - ter.

Bridge 2

         B♭
So let it out and let it in,

    B♭maj7 **B♭6**
Hey Jude, __ begin,

     B♭   **C7**   **F**   **F7**
You're wait - ing for some - one to perform __ with.

            B♭
And don't you know that it's just you,

    B♭maj7   **B♭6**
Hey Jude, __ you'll do.

    B♭   **C7**   **F**
The move - ment you need __ is on your shoul - der.

    F7   **C7**
Na, na, na, na, na, na, na, na, na. Yeah.

Verse 4

    F   **C7**
Hey Jude, __ don't make it bad.

               F
Take a sad song and make it better.

   B♭   **F**
Re - member to let her under your skin,

      C7   **F**
Then you begin __ to make it bet - ter,

Better, better, better, better, better, oh.

Outro

 F   **E♭**
‖: Na,   na, na, na, na, na, na,
B♭   **F**
Na, na, na, na. Hey Jude. :‖ *Repeat and fade*

Here Comes the Sun

Words and Music by
George Harrison

Here comes _ the   sun, ___

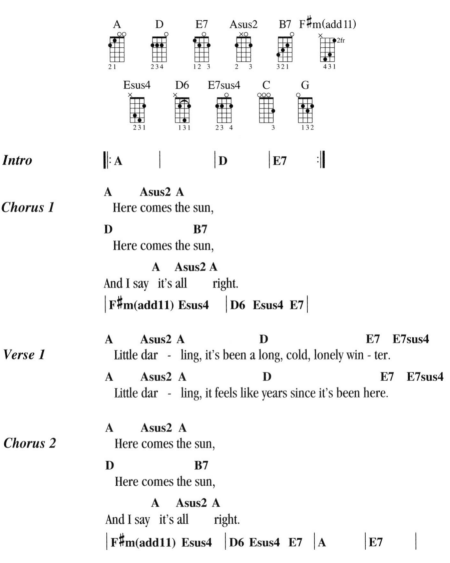

Intro   ‖: A | | D | E7   :‖

Chorus 1
A   Asus2 A
Here comes the sun,

D   B7
Here comes the sun,

       A   Asus2 A
And I say it's all   right.
| F#m(add11) Esus4 | D6 Esus4 E7 |

Verse 1
A   Asus2 A   D   E7   E7sus4
Little dar - ling, it's been a long, cold, lonely win - ter.

A   Asus2 A   D   E7   E7sus4
Little dar - ling, it feels like years since it's been here.

Chorus 2
A   Asus2 A
Here comes the sun,

D   B7
Here comes the sun,

       A   Asus2 A
And I say it's all   right.
| F#m(add11) Esus4 | D6 Esus4 E7 | A | E7 |

	A Asus2 A D E7 E7sus4	

Verse 2

A   Asus2 A   D   E7 E7sus4
Little dar - ling, the smile's re - turning to their faces,

A   Asus2 A   D   E7 E7sus4
Little dar - ling, it seems like years since it's been here.

Chorus 3   *Repeat Chorus 2*

Bridge |C |G |D | |A |E7 |

‖:C |G |D | |A |E7 :‖ *Play 5 times*
Sun,   sun,   sun,   here it comes.

|E7 |E7sus4 |E7 |E7sus4 E |

            A   Asus2 A   D   E7 E7sus4
Verse 3   Little dar - ling, I feel that ice is slowly melt - ing.

A   Asus2 A   D   E7 E7sus4
Little dar - ling, it seems like years since it's been clear.

Chorus 4   *Repeat Chorus 1*

            A   Asus2 A
Chorus 5   Here comes the sun,

D   B7
Here comes the sun,

A
It's alright.

|F♯m(add11) Esus4 |D6 Esus4 E7|

A
It's all right.

|F♯m(add11) Esus4 |D6 Esus4 E7|

|C   G |D |A

THE BEATLES   **93**

Here, There and Everywhere

Words and Music by John Lennon
and Paul McCartney

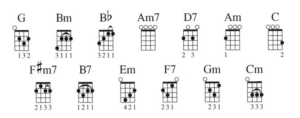

Intro

G   Bm
To lead a better life,

B♭   Am D7
I need my love to be here.

Verse 1

G   Am
Here,

Bm   C   G Am
Making each day __ of the year.

Bm   C   F♯m7   B7
Changing my life __ with a wave __ of her hand.

F♯m7   B7   Em   Am   Am7 D7
Nobody can __ deny __ that there's some - thing there.

Verse 2

G   Am
There,

Bm   C   G Am
Running my hands __ through her hair.

Bm   C   F♯m7   B7
Both of us think - ing how good __ it can be.

F♯m7   B7   Em   Am   Am7 D7
Someone is speak - ing, but she doesn't know __ he's there.

Bridge 1

F7   B♭   Gm
I want her ev'rywhere,

        Cm   D7   Gm
And if she's beside me, I know I need never care.

Cm   D7
But to love her is to need her

Verse 3

G   Am
Ev'rywhere.

Bm   C   G Am
Knowing that love __ is to share.

Bm   C   F♯m7   B7
Each one believ - ing that love __ never dies,

F♯m7   B7   Em   Am   Am7 D7
Watching their eyes __ and hoping I'm al - ways there.

Bridge 2

F7   B♭   Gm
I want her ev'rywhere,

        Cm   D7   Gm
And if she's beside me, I know I need never care.

Cm   D7
But to love her is to need her

Verse 4

G   Am
Ev'rywhere.

Bm   C   G Am
Knowing that love __ is to share.

Bm   C   F♯m7   B7
Each one believ - ing that love __ never dies.

F♯m7   B7   Em   Am   Am7 D7
Watching her eyes __ and hoping I'm al - ways there.

        G   Am
I will be there

     Bm   C
And ev'rywhere.

G   Am   Bm   C   G
Here, there and ev'rywhere.

Hey Bulldog

Words and Music by
John Lennon and Paul McCartney

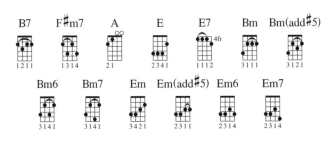

Sheep dog ___   stand-ing in the rain,

B7   F#m7   A   E   E7   Bm   Bm(add#5)

Bm6   Bm7   Em   Em(add#5)   Em6   Em7

Intro ‖: B7 | :‖ *Play 3 times*

Verse 1

B7   F#m7
Sheep dog standing in the rain,

B7   F#m7
Bullfrog, doing it again.

A   F#m7   E   E7
Some kind of happiness is measured out in miles.

A   F#m7   B7
What makes you think you're something special when you smile?

Verse 2

B7   F#m7
Child-like, no one understands,

B7   F#m7
Jack-knife in your sweaty hands.

A   F#m7   E   E7
Some kind of innocence is measured out in years,

A   F#m7   B7
You don't know what it's like to listen to your fears.

Chorus 1

Bm   Bm(add#5) Bm6
You can talk   to me.

Bm7   Em Em(add#5)
You can talk to me.

Em6   Em7
You can talk to me.

        Bm   Em B7
If you're lonely, you can talk to me.

Solo

| B7 | F♯m7 | B7 | F♯m7 | |
| A F♯m7 | E E7 | A F♯m7 | B7 | |

Verse 3

B7   F♯m7
 Big man, walking in the park.

B7   F♯m7
 Wigwam, frightened of the dark.

A   F♯m7   E   E7
 Some kind of solitude is measured out in you.

A   F♯m7   B7
 You think you know me, but you haven't got a clue.

Chorus 2   *Repeat Chorus 1*

Outro

‖: F♯m7 | B7   :‖ ***Repeat and fade***
   Hey, bull - dog.

I Am the Walrus

Words and Music by
John Lennon and Paul McCartney

Melody:

I am he as you are he as...

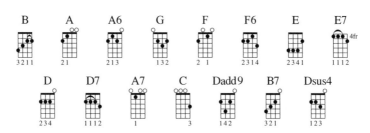

B   A   A6   G   F   F6   E   E7
3211   21   213   132   2 1   2314   2341   1112

D   D7   A7   C   Dadd9   B7   Dsus4
234   1112   1   3   142   321   123

Intro |B | A A6 |G   F F6 |E |E7 |D |D7 |

Verse 1
       A   A7
I am he as you are he

        C   D   A A7
As you are me and we are all togeth - er.

        C
See how they run like pigs from a gun,

         D   A
See how they fly, I'm crying.

Verse 2
       A   A7 Dadd9
Sitting on a cornflake,

       F   G   A   A7
Waiting for the van to come.

       F
Corporation T-shirt stupid bloody Tuesday,

         B7
Man, __ you been a naughty boy, you let your face grow long.

	C D
Chorus 1	I am the eggman, they are the eggmen,

         E

I am the walrus,

Goo goo g'joob.

	A A7 C D A A7
Verse 3	Mr. City p'licemen sitting pretty little p'licemen in a row.

C

See how they fly like Lucy in the sky,

    D   A

See how they run, I'm crying.

    Dsus4

I'm crying,

    A

I'm crying,

    E   D   D7

I'm cry - ing.

	A A7 Dadd9
Verse 4	Yellow matter custard,

F   G   A   A7

Dripping from a dead dog's eye.

F

Crabalocker fishwife, pornographic priestess,

B7

Boy, you been a naughty girl, you let your knickers down.

Chorus 2

             C   D
I am the eggman, they are the eggmen,

            E
I am the walrus,

Goo goo g'joob.

| B   A | G   F | E |

Bridge

B   A   G   F   E
Sitting in an English gar - den, waiting for the sun.

F   B7
  If the sun don't come, you get a tan

From standing in the English rain.

Chorus 3

             C   D
I am the eggman, they are the eggmen,

            E
I am the walrus,

Goo goo g'joob.

            D
Goo goo __ goo g'joob.

Verse 5

A   A7
Expert texpert choking smokers,

C   D   A
Don't you think the joker laughs at you?

          A7
(Ha, ha, ha! Hee, hee, hee! Ha, ha, ha!)

C
See how they smile like pigs in the sty,

      D   A
See how they snied, I'm crying.

Verse 6

A   A7   Dadd9
Semolina pilchard,

F   G   A   A7
Climbing up the Eiffel Tower.

F
Elementary penguin singing Hare Krishna,

B7
Man, you should have seen them

Kicking Edgar Allen Poe.

Chorus 4

        C   D
I am the eggman, they are the eggmen,

      E
I am the walrus,

Goo goo g'joob.

      D
Goo goo __ goo g'joob.

C
Goo goo g'joob.

         B7
Goo goo goo g'joob, goo.

Chooga, chooga, chooga.

‖: A | G | F | E |
| D | C | B7 :‖   *Repeat and fade*

I Feel Fine

Words and Music by
John Lennon and Paul McCartney

Melody:

Ba - by's good to me, ___ you know, _

D7   C7   G7   G   Bm   C   Am

Intro

| D7 | | | C7 | | |
| G7 | | | | | |

Verse 1

G7
Baby's good to me, you know,

She's happy as can be, you know
    D7
She said so.
            C7   **G7**
I'm in love with her and I feel fine.

Verse 2

G7
Baby says she's mine, you know,

She tells me all the time, you know
    D7
She said so.
            C7   **G7**
I'm in love with her and I feel fine.

Bridge 1

G   **Bm**
I'm so glad
      C   **D7**
That she's my little girl.
G   **Bm**
She's so glad,
     Am   **D7**
She's telling all the world

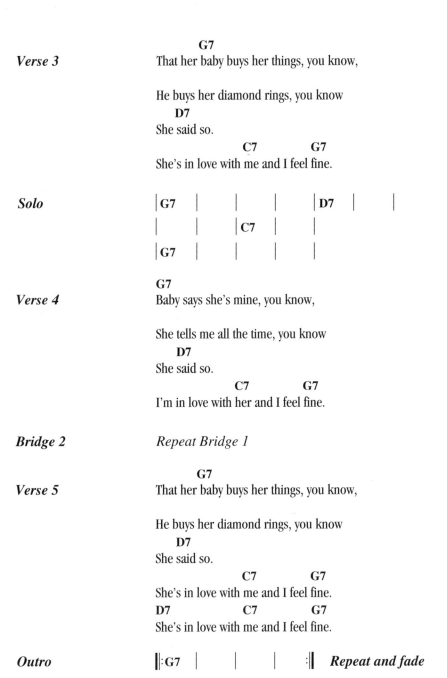

Verse 3

G7
That her baby buys her things, you know,

He buys her diamond rings, you know
D7
She said so.
      C7   G7
She's in love with me and I feel fine.

Solo

G7				D7		
		C7		
G7			

Verse 4

G7
Baby says she's mine, you know,

She tells me all the time, you know
D7
She said so.
      C7   G7
I'm in love with her and I feel fine.

Bridge 2

Repeat Bridge 1

Verse 5

G7
That her baby buys her things, you know,

He buys her diamond rings, you know
D7
She said so.
      C7   G7
She's in love with me and I feel fine.
D7   C7   G7
She's in love with me and I feel fine.

Outro

‖: G7 | | | :‖ *Repeat and fade*

I Saw Her Standing There

Words and Music by
John Lennon and Paul McCartney

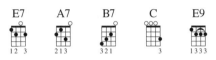

Well, she was just ___ sev-en - teen, ___

E7	A7	B7	C	E9

Intro | E7 | | | |

Verse 1
        E7
Well, she was just seventeen,

    A7   **E7**
You know what I mean.

                                 B7
And the way she looked was way beyond com - pare.

    E7   **A7**
So how could I dance with an - other,

  C   **E7**   **B7**   **E7**
Oo, when I saw her standing there.

Verse 2
        E7
Well, she looked at me,

    A7   **E7**
And I, I could see

                                  B7
That before too long, I'd fall in love with her.

E7   **A7**
She wouldn't dance with an - other,

  C   **E7**   **B7**   **E7**
Oo, when I saw her standing there.

UKULELE CHORD SONGBOOK

Bridge 1
              A7
Well, my heart went boom

When I crossed that room,
                B7   **A7**
And I held her hand in mine.

Verse 3
         E7
Well, we danced through the night,
         A7   **E7**
And we held each other tight.
                          B7
And before too long I fell in love with her.
         E7   **A7**
Now I'll never dance with an - other,
         C   **E7**   **B7**   **E7**
Oo, when I saw her standing there.

Solo
E7																	
B7			E7			A7			
E7		B7		E7				

Bridge 2   *Repeat Bridge 1*

Verse 4
         E7
Oh, we danced through the night,
         A7   **E7**
And we held each other tight,
                          B7
And before too long I fell in love with her.
         E7   **A7**
Now I'll never dance with an - other,
         C   **E7**   **B7**   **E7**
Oo, since I saw her standing there.
                B7   **E7**
Oo, since I saw her standing there.
                        B7   **A7**   **E7**   **E9**
Yeah, well, since I saw her standing there.

I Should Have Known Better

Words and Music by
John Lennon and Paul McCartney

Melody:

I _____ should-'ve known _

G   D   Em   C   B7   G7

Intro

| G D | G D | G D | G D |

Verse 1

G D G D   G   D   G   D
I _____ should've known better with a girl like you,

        G   D   Em
That I would love every - thing that you do,

      C   D   G   D   G
And I do, hey, hey, hey, and I do.

Verse 2

D   G D G   D   G   D   G   D
Woh, woh, I _____ never real - ized what a kiss could be.

       G   D   Em
This could only happen to me.

       C   B7
Can't you see, can't you see?

Bridge 1

Em   C   G   B7
That when I tell you that I love you, oh,

Em   G   G7
You're gonna say you love me too, ___ oh,

C   D   G   Em
And when I ask you to be mine

C   D   G   D G
You're gonna say you love me too.

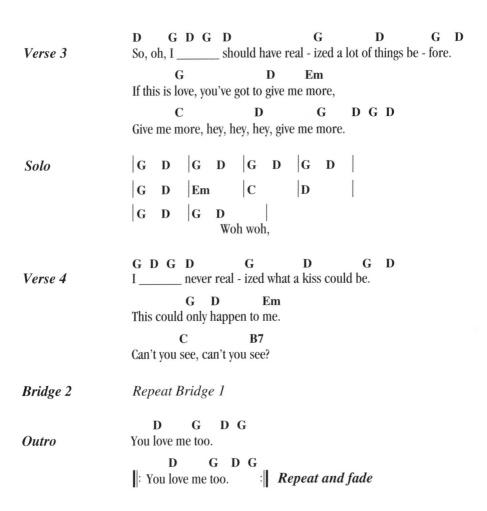

Verse 3

```
D      G D G D              G          D        G  D
So, oh, I _____ should have real - ized a lot of things be - fore.
        G              D      Em
If this is love, you've got to give me more,
        C              D          G      D G D
Give me more, hey, hey, hey, give me more.
```

Solo

```
|G   D  |G   D  |G   D  |G   D   |
|G   D  |Em     |C      |D       |
|G   D  |G   D        |
              Woh woh,
```

Verse 4

```
G D G  D          G         D        G  D
I _____ never real - ized what a kiss could be.
        G   D      Em
This could only happen to me.
        C          B7
Can't you see, can't you see?
```

Bridge 2   *Repeat Bridge 1*

Outro

```
D      G    D G
You love me too.
        D      G  D G
||: You love me too.     :|| Repeat and fade
```

I Want to Hold Your Hand

Words and Music by
John Lennon and Paul McCartney

Oh   yeah,   I _____   tell   you   some - thing, _

C   D   G   Em   B7   C*   D*   G*   Dm   Am

Intro

C D | C D | C D | |

Verse 1

       G   D
Oh yeah, I tell you something,

Em   B7
  I think you'll under - stand.

       G   D
When I say that something,

Em   B7
  I wanna hold your hand.

Chorus 1

C*   D*   G* Em
  I wanna hold your hand,

C*   D*   G*
  I wanna hold your hand.

	G D

Verse 2

      G   **D**
Oh please, say to me

Em   **B7**
  You'll let me be your man.

      G   **D**
And please say to me

Em   **B7**
  You'll let me hold your hand.

Chorus 2

C*   **D***   **G*** **Em**
  Now let me hold your hand,

C*   **D***   **G***
  I wanna hold your hand.

Bridge 1

Dm   **G**
  And when I touch you

     C   **Am**
I feel happy in-side.

Dm   **G**
  It's such a feeling

      C   **D**
That my love I can't hide,

C   **D**   **C**   **D**
I can't hide, I can't hide.

Verse 3

        G   D
Yeah, you got that something,

Em   B7
 I think you'll under-stand.

        G   D
When I say that something,

Em   B7
 I wanna hold your hand.

Chorus 3   *Repeat Chorus 1*

Bridge 2   *Repeat Bridge 1*

Verse 4

        G   D
Yeah, you got that something,

Em   B7
 I think you'll under-stand.

        G   D
When I feel that something,

Em   B7
 I wanna hold your hand.

Chorus 4

C*   D*   G*   Em
 I wanna hold your hand.

C*   D*   B7
 I wanna hold your hand.

C*   D*   C* G*
 I wanna hold your hand.

Let It Be

Words and Music by
John Lennon and Paul McCartney

When I   find __ my-self __   in   times of   trou-ble...

C   G   Am   F   G6   Fmaj7

Verse 1

        C   **G**
When I find myself in times of trouble

Am   **F**
Mother Mary comes to me

C   **G**
Speaking words of wis - dom,

     F **C**
Let it be.

                G
And in my hour of dark - ness

      Am   **F**
She is standing right in front of me

C   **G**
Speaking words of wisdom,

     F **C**
Let it be.

Chorus 1

      Am   **G6**
Let it be, ___ let it be,

       Fmaj7   **C**
Ah, let it be, ___ let it be.

         G
Whisper words of wisdom,

     F **C**
Let it be.

Verse 2

                C   G
And when the broken heart - ed people

Am   F
Living in the world __ agree,

C   G
There will be an an - swer,

        F   C
Let it be.

                                    G
For though they may be part - ed there is

Am   F
Still a chance that they __ will see

C   G
There will be an an-swer,

        F   C
Let it be.

                    Am   G6
Chorus 2   Let it be, __ let it be,

                        Fmaj7   C
Ah, let it be, __ let it be.

                                G
Yeah, there will be an an - swer,

        F   C
Let it be.

Verse 3

       C   G
And when the night is cloud - y

         Am   F
There is still a light that shines on me;

C   G
Shine until tomor - row,

        F   C
Let it be.

                          G
I wake up to the sound __ of music;

Am   F
Mother Mary comes __ to me,

C   G
Speaking words of wisdom,

        F   C
Let it be.

Chorus 3

         Am   G6
Let it be, __ let it be,

           Fmaj7   C
Ah, let it be, __ let it be.

                       G
Yeah, there will be an an - swer,

        F   C
Let it be.

         Am   G6
Let it be, __ let it be,

           Fmaj7   C
Ah, let it be, __ let it be.

                    G
Whisper words of wisdom,

        F   C   F   C   G   F   C
Let it be.

I Will

Words and Music by
John Lennon and Paul McCartney

Melody:

Who knows _ how long _ I've loved _ you?

F   Dm   Gm7   C7   Am   F7
2 1   2 3 1   2 1 1   1   2   2 3 1 4

Bb   Am7   G7   Bbm   F°7   Db7
3 2 1 1   1   3   2 1 3   3 1 1 1   1 3 2 4   1 1 1 2

Verse 1

　　　　　　F　　Dm　　Gm7　C7
Who knows how long I've loved you?

　　　F　　Dm　　　Am
You know I love you still.

F7　Bb　C7　Dm　　F
Will I wait a lonely lifetime?

　　　　Bb　　C7　F　Dm　Gm7　C7
If you want me to, I will.

Verse 2

　　　F　Dm　Gm7　　C7
For if I ever saw you,

　　　F　　Dm　　　Am
I didn't catch your name.

F7　Bb　C7　Dm　　F
But it never really mattered;

　　　Bb　　C7　　F　　F7
I will always feel the same.

Bridge

B♭   **Am7 Dm**
Love you for - ever and forever,

Gm7   **C7**   **F** **F7**
Love you with all my heart.

B♭   **Am7 · Dm**
Love you when - ever we're together,

G7   **C7**
Love you when we're apart.

Verse 3

       F   **Dm Gm7** **C7**
And when at last I find you,

       F   **Dm**   **Am**
Your song will fill the air.

F7   **B♭**   **C7**   **Dm**   **B♭m** **F**
Sing it loud so I can hear you.

      B♭ **C7**   **Dm**   **B♭m** **F**
Make it easy to be near you.

       B♭   **C7**
For the things you do

    Dm B♭m F   **F°7o**
En - dear you to me,

Gm7 **C7**   **D♭7**
Ah, you know I will,

     F **F7**
I will.

Outro

|B♭ Am |Dm |Gm7 C7 |F

I'll Follow the Sun

Words and Music by
John Lennon and Paul McCartney

Melody:

One   day   you'll   look

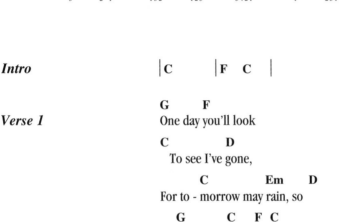

C   F   G   D   Em   C7   Dm   Fm

Intro
| C | F   C |

Verse 1
    G   F
One day you'll look

    C   D
   To see I've gone,

              C   Em   D
For to - morrow may rain, so

      G   C   F C
I'll follow the sun.

Verse 2
    G   F
Some day you'll know

    C   D
   I was the one,

              C   Em   D
But to - morrow may rain, so

      G   C   C7
I'll follow the sun.

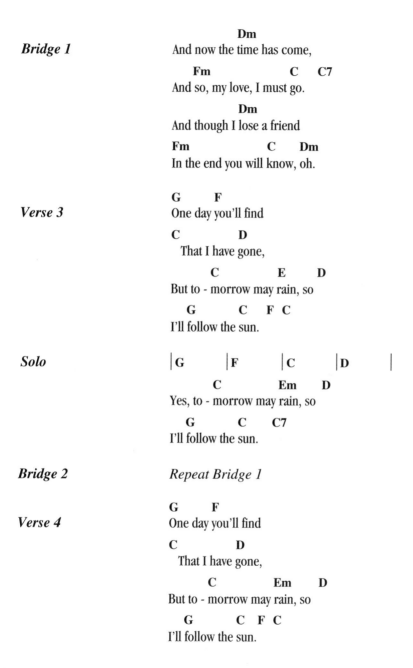

Bridge 1

          Dm
And now the time has come,

    Fm   **C** **C7**
And so, my love, I must go.

          Dm
And though I lose a friend

Fm   **C**   **Dm**
In the end you will know, oh.

Verse 3

G   **F**
One day you'll find

C   **D**
  That I have gone,

       C   **E**   **D**
But to - morrow may rain, so

    G   **C** **F** **C**
I'll follow the sun.

Solo

| **G** | **F** | **C** | **D** | |

       C   **Em** **D**
Yes, to - morrow may rain, so

    G   **C**   **C7**
I'll follow the sun.

Bridge 2

Repeat Bridge 1

Verse 4

G   **F**
One day you'll find

C   **D**
  That I have gone,

       C   **Em**   **D**
But to - morrow may rain, so

    G   **C** **F** **C**
I'll follow the sun.

THE BEATLES

I've Just Seen a Face

Words and Music by
John Lennon and Paul McCartney

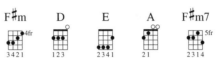

Intro
| F#m | | | | D | |
| | | | E | | |

Verse 1

A
I've just seen a face,

                                            F#m
I can't forget the time or place where we just met.

She's just the girl for me

                             F#m7   D
And I want all the world to see __ we've met.

                 E   A
Mm, mm, mm, mm, mm, mm.

Verse 2

A
Had it been another day

I might have looked the other way

    F#m
And I'd have never been aware,

                         F#m7   D
But as it is I'll dream of her __ tonight,

             E   A
Da, da, da, da, da, da.

Chorus 1	**E** **D** Falling, yes I am falling, **A** **D** **A** And she keeps calling me back again.	

Chorus 1

E   D
Falling, yes I am falling,
            A   D   A
And she keeps calling me back again.

Verse 3

A
I have never known the like of this,

I've been alone and I have
F♯m
Missed things and kept out of sight,
                    F♯m7   D
But other girls were never quite __ like this,
        E   A
Da, da, da, da, da, da.

Chorus 2   *Repeat Chorus 1*

Solo | A | | | F♯m | |
              | | F♯m7 | D | | E | A |

Chorus 3   *Repeat Chorus 1*

Verse 4

A
I've just seen a face,
                                  F♯m
I can't forget the time or place where we just met.

She's just the girl for me
                      F♯m7   D
And I want all the world to see __ we've met.
          E   A
Mm, mm, mm, da, da, da.

Chorus 4   *Repeat Chorus 1*

Chorus 5   *Repeat Chorus 1*

Outro

          E   D
Oh, __ falling, yes I am falling,
          A   D   E A
And she keeps calling me back again.

If I Fell

Words and Music by
John Lennon and
Paul McCartney

Melody:

If I fell in love with you, would you prom-ise to be true

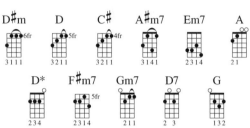

D#m   D   C#   A#m7   Em7   A

D*   F#m7   Gm7   D7   G

Intro

       D#m
If I fell in love with you,

       D
Would you promise to be true

   C#   **A#m7**
And help me understand?

       D#m
'Cause I've been in love before,

       D
And I found that love was more

   Em7   **A**
Than just holding hands.

Verse 1

   D*   **Em7**   **F#m7**   **Em7**
If I give my   heart to you,

   A
I must be sure

     D*   **Em7**   **F#m7**   **Em7**
From the ve - ry   start, that you

   A   **D***   **Gm7 A**
Would love me more than her.

Verse 2

    D* Em7 F♯m7 Em7
If I trust in   you, oh please,

    A
Don't run and hide.

    D* Em7 F♯m7 Em7
If I love you   too, oh please,

    A   **D7**
Don't hurt my pride like her.

Bridge 1

    D7   **G**
'Cause I couldn't stand the pain.

    Gm7   **D***
And I would be sad if our new love

    A
Was in vain.

Verse 3

    D* Em7 F♯m7 Em7
So I hope you see that I

    A
Would love to love you.

D* Em7 F♯m7 Em7
And that   she will cry

    A   **D7**
When she learns we are two.

Bridge 2

Repeat Bridge 1

Verse 4

    D* Em7 F♯m7 Em7
So I hope you   see that I

    A
Would love to love you.

D* Em7 F♯m7 Em7
And that   she will cry

    A   **D***
When she learns we are two.

    Gm7   **D***   **Gm7 D***
If I fell in love with you.

If I Needed Someone

Words and Music by
George Harrison

A7   A   Gadd2   Em   F#7   Bm   E7sus4   E7

Intro |A7 | | | |

Verse 1

      A
If I needed someone to love,

                           Gadd2
You're the one that I'd be thinking of,

         A7
If I needed someone.

Verse 2

      A
If I had more time to spend,

                    Gadd2
Then I guess I'd be with you, my friend,

         A7
If I needed someone.

Bridge 1	Em F#7

Bridge 1

Em   F#7
Had you come some other day,

                         Bm
Then it might not have been like this,

Em   F#7   Bm   E7sus4 E7
But you see now I'm too much in love.

Verse 3

A
Carve your number on my wall,

                            Gadd2
And maybe you will get a call from me,

        A7
If I needed someone.

Solo

A				
G/A		A7		

Verse 4   *Repeat Verse 2*

Bridge 2   *Repeat Bridge 1*

Verse 5   *Repeat Verse 3*

Outro

A7   A
Ah, ah.

In My Life

Words and Music by
John Lennon and Paul McCartney

Melody:

There are   plac - es   I   re - mem-ber

A   E   F♯m   A7   D   Dm   G   B

Intro

| A | E | A | E |

Verse 1

             A   E F♯m   A7
There are places I re - member

      D Dm   A
All my life, ___ though some have changed.

           E   F♯m A7
Some forever, not for better,

        D   Dm   A
Some have gone, ___ and some remain.

Chorus 1

        F♯m   D
All these places had their moments,

     G   A
With lovers and friends I still can recall,

     F♯m   B
Some are dead and some are living,

    Dm   A   E
In my life, I've loved them all.

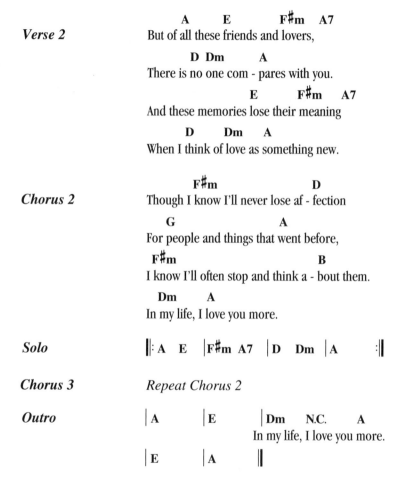

Verse 2

　　　　　　A　　　E　　　　F♯m　A7
But of all these friends and lovers,

　　　　　　D　Dm　　A
There is no one com - pares with you.

　　　　　　　　　E　　　F♯m　　A7
And these memories lose their meaning

　　　　　D　　　Dm　　A
When I think of love as something new.

Chorus 2

　　　　　F♯m　　　　　　　D
Though I know I'll never lose af - fection

　　G　　　　　　　A
For people and things that went before,

　F♯m　　　　　　　　B
I know I'll often stop and think a - bout them.

　　Dm　　　A
In my life, I love you more.

Solo

‖: A　　E　|F♯m A7　|D　　Dm　|A　　　:‖

Chorus 3

Repeat Chorus 2

Outro

|A　　　|E　　　|Dm　　N.C.　　A

　　　　　　　　　In my life, I love you more.

|E　　　|A　　　‖

Julia

Words and Music by
John Lennon and Paul McCartney

Melody:

Half of what I   say   is mean-ing - less,

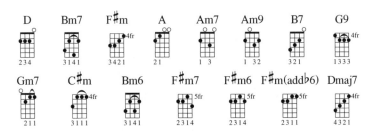

D	Bm7	F#m	A	Am7	Am9	B7	G9
234	3141	3421	21	1 3	1 32	321	1333

Gm7	C#m	Bm6	F#m7	F#m6	F#m(add♭6)	Dmaj7
211	3111	3141	2314	2314	2311	4321

Chorus 1

    D   Bm7   F#m
Half of what I say is meaning - less,

    D   Bm7   F#m A   D
But I say it just to reach you, Ju - li - a.

Verse 1

    D   Bm7 Am7 Am9 B7   G9 Gm7
Ju - lia, Ju - lia, ocean child, calls me.

    D   Bm7   F#m A   D
So I sing a song __ of love, Ju - li - a.

Verse 2

    D   Bm7 Am7   Am9 B7   G9 Gm7
Ju - lia,   sea-shell eyes, windy smile, calls me.

    D   Bm7   F#m A   D
So I sing a song __ of love, Ju - li - a.

Bridge

C#m   D
Her hair of floating sky is shimmering,

Bm7   Bm6
Glimmering

F#m7 F#m6   F#m(add♭6) F#m
In the sun.

Verse 3

D   Bm7 Am7 Am9 B7   G9   Gm7
Julia, __ Julia, __ morning moon, touch me.

D   Bm7   F#m A   D
So I sing a song __ of love, Ju - li - a.

Chorus 2

D   Bm7   F#m
When I cannot sing my heart,

D   Bm7   F#m A   D
I can only speak my mind, Ju - li - a.

Verse 4

D   Bm7 Am7   Am9 B7   G9   Gm7
Ju - lia,   sleeping sand, silent cloud, touch me.

D   Bm7   F#m A   D   Bm7
So I sing a song __ of love, Ju - li - a.

Outro

Am7   Am9   B7
Mm,

G9   Gm7
Calls me.

D   Bm7
So I sing a song __ of love

  F#m   D
For Ju - li - a.

F#m   D
Ju - li - a.

F#m A   Dmaj7
Ju - li - a.

Lady Madonna

Words and Music by
John Lennon and Paul McCartney

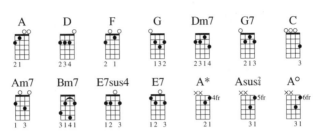

Intro |A   D |A   D |A   D |F   G   A |

Verse 1

A   D A   D
Lady Madon - na, children at your feet.

A   D   F G A
Wonder how you manage to make ends meet.

      D A   D
Who finds the money when you pay the rent?

A   D   F G A
Did you think that money was heav - en sent?

Bridge 1

Dm7   G7
Friday night arrives without a suitcase,

C   Am7
Sunday morning, creeping like a nun.

Dm7   G7
Monday's child has learned to tie his bootlace.

C Bm7 E7sus4 E7
See how they run.

	A D A D
Verse 2	Lady Madon - na, baby at your breast.

A   D   F G A
Wonders how you manage to feed the rest.

| A D | A D | A D | F G A |

Solo | Dm7 | G7 | C | Am7 | Dm7 | G7 |

C Bm7   E7sus4 E7
See how they run.

A   D A   D
Verse 3 Lady Madon - na, lying on the bed.

A   D   F G   A
Listen to the mu - sic playing in your head.

| A D | A D | A D | F G A |

Dm7   G7
Bridge 2 Tuesday afternoon is never-end - ing.

C   Am7
Wednesday morning, papers didn't come.

Dm7   G7
Thursday night, your stockings needed mending.

C Bm7   E7sus4 E7
See how they run.

A   D A   D
Verse 4 Lady Madon - na, children at your feet.

A   D   F   G   A* Asus$_4^2$ A° Asus$_4^2$ A*
Wonder how you manage to make ends meet.

Outro | A*   Asus$_4^2$ | A° Asus$_4^2$ A |

The Long and Winding Road

Words and Music by
John Lennon and Paul McCartney

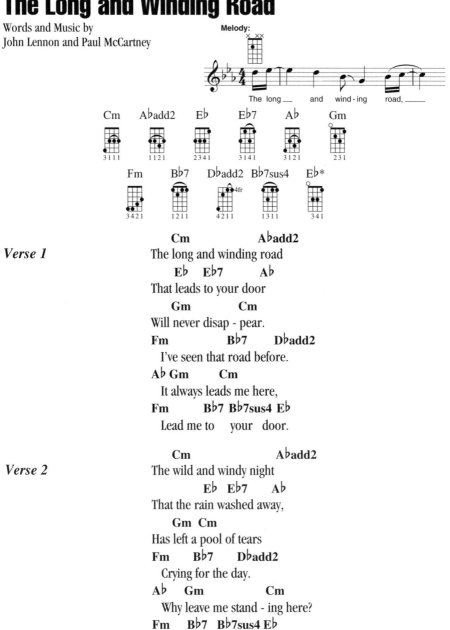

Verse 1

          Cm   **A♭add2**
The long and winding road
  E♭ **E♭7**   **A♭**
That leads to your door
  Gm   **Cm**
Will never disap - pear.
Fm   **B♭7**   **D♭add2**
I've seen that road before.
A♭ Gm   **Cm**
It always leads me here,
Fm   **B♭7** **B♭7sus4** **E♭**
Lead me to   your door.

Verse 2

          Cm   **A♭add2**
The wild and windy night
    E♭ **E♭7**   **A♭**
That the rain washed away,
  Gm Cm
Has left a pool of tears
Fm   **B♭7**   **D♭add2**
Crying for the day.
A♭   **Gm**   **Cm**
Why leave me stand - ing here?
Fm   **B♭7** **B♭7sus4** **E♭**
Let me know the   way.

Bridge 1

                                Eb   Ab
                                Many times I've been alone,
                                    Eb*   Fm   Bb7
                                And many times I've cried.
                                Eb   Ab
                                Anyway, you'll never know
                                    Eb*   Fm   Bb7
                                The many ways I've tried.

Verse 3

                                    Cm   Abadd2
                                And still they lead me back
                                    Eb Eb7   Ab
                                To the long, winding road.
                                    Gm   Cm
                                You left me stand - ing here
                                Fm   Bb7   Dbadd2
                                    A long, long time ago.
                                Ab   Gm   Cm
                                    Don't leave me wait - ing here,
                                Fm   Bb7 Bb7sus4 Eb
                                Lead me to   your   door.

Bridge 2

                                ‖: Eb Ab | Eb* Fm Bb7 :‖

Verse 4

                                    Cm   Abadd2
                                But still they lead me back
                                    Eb Eb7   Ab
                                To the long, winding road.
                                    Gm   Cm
                                You left me standing here
                                Fm   Bb7   Dbadd2
                                    A long, long time ago.
                                Ab   Gm   Cm
                                    Don't keep me wait - ing here,
                                Fm   Bb7   Eb
                                    Lead me to your   door.
                                Abadd2   Eb
                                    (Yeah, yeah, yeah, yeah.)

Love Me Do

Words and Music by John Lennon
and Paul McCartney

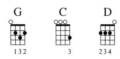

G	C	D
1 3 2	3	2 3 4

Intro
    |G |C |G |C |G |C |G | |

Chorus 1

    G   C
    Love, love me do.

      G   C
    You know I love you.

      G   C
    I'll always be true.

    So please,

    N.C.   G   C   G   C
    Love me do. ____ Oh, love me do.

Chorus 2   *Repeat Chorus 1*

Bridge

    D
    Someone to love,

    C   G
    Somebody new.

    D
    Someone to love,

    C   G
    Someone like you.

	G C
Chorus 3	Love, love me do.
	G C
	You know I love you.
	G C
	I'll always be true.
	So please,
	N.C. G C G
	Love me do. ___ Oh, love me do.

	‖: D | C | G :‖
Solo	| | | | D |

	G C
Chorus 4	Love, love me do.
	G C
	You know I love you.
	G C
	I'll always be true.
	So please,
	N.C. G C G C
	Love me do. ___ Oh, love me do.
	G C
	‖: Yeah, love me do.
	G C
	Oh, love me do. :‖ *Repeat and fade*

Lovely Rita

Words and Music by
John Lennon and Paul McCartney

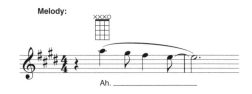

B   A   E   D   B7   C#m   F#   G   Bsus4   Am

3211 21 2341 234 321 3111 2341 132 3411 2

Intro
|B |A |E |B |
       Ah.

B   A
Lovely Rita meter maid.
E   B
Lovely Rita meter maid.

Chorus 1

E   D   A
Lovely Rita meter maid,
E   B7
Nothing can stand be - tween us.
C#m   F#   B7
When it gets dark, I tow your heart a - way.

Verse 1

E   A
Standing by a parking meter,
D   G
When I caught a glimpse of Rita
E   B7
Filling in a ticket in her little white book.

Verse 2

E   A
In a cap, she looked much older.
D   G
And the bag a - cross her shoulder
E   B7   E C#m F# B7
Made her look a little like a milit'ry man.

Chorus 2

```
        E        D         A
Lovely Rita meter maid,
E               B7
May I enquire dis - creetly,
C#m                 F#              B7
When are you free to take some tea with me?
Bsus4   B
Ah.
```

Solo

```
|E   D A |E   B7  |C#m F# |B    B7  |
Rita!
```

Verse 3

```
E               A
  Took her out and tried to win her.
D               G
  Had a laugh, and over dinner
E                       B7
Told her I would really like to see her again.
```

Verse 4

```
E               A
  Got the bill and Rita paid it.
D               G
  Took her home, I nearly made it.
E                       B7          E C#m F# B7
Sitting on a sofa with a sister or two.      Oh.
```

Chorus 3

```
E        D         A
Lovely Rita meter maid,
E                 B7
Where would I be with - out you?
C#m              F#              B
Give us a wink and make me think of you.
```

Outro

```
       B        A
||: Lovely Rita meter maid.
E        B
Lovely Rita meter maid.  :||
||: Am    |        |        |        :||
|        |        |A
```

Lucy in the Sky with Diamonds

Words and Music by
John Lennon and Paul McCartney

Melody:

Pic - ture your - self in a boat on a riv - er,

A5   A7   A6   Dm   A   A7*   A6*   F6

F   Dm*   Dm7   B♭   C   G   D

Intro |A5 |A7 |A6 |Dm |

Verse 1
    A   A7* A6* F6
Picture your - self in a boat on a river,

      A   A7*   A6*   F
With tangerine trees and marmalade skies.

A   A7*   A6*   F6
Somebody calls you, you answer quite slowly,

    A   A7*   A6* Dm* Dm7
A girl with ka - leidoscope eyes.

Pre-Chorus 1
   B♭   C
Cellophane flowers of yellow and green,

F   B♭
Towering over your head.

C   G
Look for the girl with the sun in her eyes,

        D
And she's gone.

Chorus 1

    G   C   D
Lucy in the sky with diamonds.

    G   C   D
Lucy in the sky with diamonds.

    G   C   D
Lucy in the sky with diamonds.

     A
Ah, ah.

Verse 2

A   A7*   A6*   F6
Follow her down to a bridge by a fountain,

     A   A7*   A6*   F
Where rocking horse people eat marshmallow pies.

A   A7*   A6*   F6
Everyone smiles as you drift past the flowers,

     A   A7*   A6* Dm* Dm7
That grow so in - credibly high.

Pre-Chorus 2

Bb   C
Newspaper taxis ap - pear on the shore,

F   Bb
Waiting to take you a - way.

C   G
Climb in the back with your head in the clouds,

     D
And you're gone.

Chorus 2   *Repeat Chorus 1*

Verse 3

    A   A7*   A6*   F6
Picture your - self on a train in a station,

    A   A7*   A6*   F
With plasticine porters with looking glass ties.

A   A7*   A6*   F6
Suddenly someone is there at the turnstile,

    A   A7*   A6* Dm*
The girl with ka - leidoscope eyes.

Chorus 3

    G   C   D
‖: Lucy in the sky with diamonds.

G   C   D
Lucy in the sky with diamonds.

G   C   D
Lucy in the sky with diamonds.

    A
Ah, ah. :‖ *Repeat and fade*

Magical Mystery Tour

Words and Music by
John Lennon and Paul McCartney

Melody:

Roll up, _____

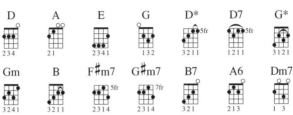

Intro |D |A |

E

(Roll up, roll up for the Magical Mystery Tour.

Step right this way!)

Verse 1

E   G   A
Roll up,   roll up for the Mys - tery Tour.

E   G   A
Roll up,   roll up for the Mys - tery Tour.

E
Roll up, (And that's an invitation.)

G   A
Roll up, for the Mys - tery Tour.

E
Roll up, (To make a reservation.)

G   A
Roll up, for the Mys - tery Tour.

Bridge 1

D*   D7
The Magical Mys - tery Tour

G*   Gm
Is waiting to take you a - way,

D   A
Waiting to take you a - way.

Verse 2

    E   **G**   **A**
Roll up,   roll up for the Mys - tery Tour.

    E   **G**   **A**
Roll up,   roll up for the Mys - tery Tour.

    E
Roll up, (We've got everything you need.)

    G   **A**
Roll up, for the Mys - tery Tour.

    E
Roll up, (Satisfaction guaranteed.)

    G   **A**
Roll up, for the Mys - tery Tour.

Bridge 2

    D*   **D7**
The Magical Mys - tery Tour

     G*   **Gm**
Is hoping to take you a - way,

    D   **A**
Hoping to take you a - way.

Interlude | **B** | | **F♯m7** | |
                                 (Mystery   trip.)
    | **B** | **F♯m7** | **G♯m7** | **A** | **B7** |

Verse 3

    E G   A
Ah,   the Magical Mys - tery Tour.

    E   G   A
Roll up,   roll up for the Mys - tery Tour.

    E
Roll up, (And that's an invitation.)

    G   A
Roll up, for the Mys - tery Tour.

    E
Roll up, (To make a reservation.)

    G   A
Roll up, for the Mys - tery Tour.

Bridge 3

    D*   D7
The Magical Mystery Tour

     G*   Gm
Is coming to take you a - way,

    D   A6
Coming to take you a - way.

    D*   D7
The Magical Mystery Tour

     G*   Gm
Is dying to take you a - way,

    D   A6
Dying to take you a - way,

           D
Take you to - day.

Outro   ‖: Dm7 | | | :‖ *Repeat and fade*

Martha My Dear

Words and Music by
John Lennon and Paul McCartney

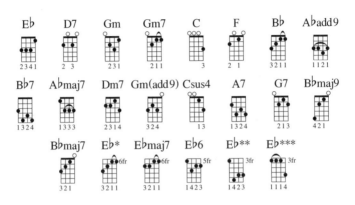

Mar - tha __ my dear, though I   spend __ my days in

Eb	D7	Gm	Gm7	C	F	Bb	Abadd9
2341	2 3	231	211	3	2 1	3211	1121

Bb7	Abmaj7	Dm7	Gm(add9)	Csus4	A7	G7	Bbmaj9
1324	1333	2314	324	13	1324	213	421

Bbmaj7	Eb*	Ebmaj7	Eb6	Eb**	Eb***
321	3211 6fr	3211 6fr	1423 5fr	1423 3fr	1114 3fr

Intro

| Eb | | D7 | Gm Gm7 C | F |
| Bb Abadd9 | Bb7 Abmaj7 | Bb7 Abmaj7 | Bb Bb7 |

Verse 1

Eb
Martha my dear,

                D7   Gm   Gm7   C
Though I spend my days in conver - sation,

F   Bb
Please remember me.

Abadd9   Bb7
Martha my love,

Abmaj7   Bb7
Don't forget me,

Abmaj7   Bb7
Martha my dear.

Verse 2

Dm7   Gm(add9)

Hold your head up, you silly girl,

F

Look what you've done.

          Csus4   C

When you find yourself in the thick of it,

Csus4   C   A7   Dm7

Help yourself to a bit of what is all a - round you,

      Gm(add9)

Silly girl.

Verse 3

        Dm7   G7

Take a good look a - round you,

        Dm7   G7

Take a good look, you're bound to see

      B♭maj9

That you and me

      B♭maj7   Dm7

Were meant to be for each other,

      Gm(add9) E♭

Silly girl.

Interlude

| E♭ | | D7 | Gm Gm7 C | F | |
| B♭ A♭add9 | B♭7 A♭maj7 | B♭7 A♭maj7 | B♭ B♭7 | |

Verse 4

Dm7   Gm(add9)

Hold your hand out, you silly girl,

F

See what you've done.

          Csus4   **C**

When you find yourself in the thick of it,

Csus4   **C**   **A7**   **Dm7**

Help yourself to a bit of what is all a - round you,

   Gm(add9)   Eb   Bb7   Eb

Silly girl.

Verse 5

Eb

Martha my dear,

         D7   **Gm**   **Gm7** **C**

You have always been my inspi - ration,

F   Bb

Please be good to me.

Abadd9   Bb7

Martha my love,

Abmaj7   Bb7

Don't forget me,

Abmaj7   Bb7

Martha my dear.

Outro

| Eb* Ebmaj7 Eb6 Eb** | Eb***

Michelle

Words and Music by
John Lennon and Paul McCartney

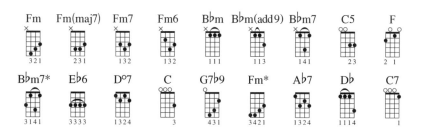

Mi - chelle,   ma belle.

Fm   Fm(maj7)   Fm7   Fm6   B♭m   B♭m(add9)   B♭m7   C5   F

B♭m7*   E♭6   D°7   C   G7♭9   Fm*   A♭7   D♭   C7

Intro |Fm   Fm(maj7) |Fm7 Fm6 | B♭m(add9)   B♭m   B♭m7 |C5 |

Verse 1
       F   B♭m7*
Michelle,   ma belle.

E♭6   D°7   C
These are words that go together well,

G7♭9   C
My Michelle.

Verse 2
       F   B♭m7*
Michelle,   ma belle.

E♭6   D°7   C
Sont les mots qui vont très bien en - semble,

G7♭9   C
Très bien en - semble.

Bridge 1

Fm
I love you, I love you, I love you.

A♭7   D♭
That's all I want to say.

C7   Fm
Until I find a way,

      Fm   Fm(maj7) Fm7   Fm6
I will say the only   words I know

       B♭m(add9) B♭m B♭m7 C5
That you'll   un - der - stand.

Verse 3   *Repeat Verse 2*

Bridge 2

Fm*
I need to, I need to, I need to,

A♭7   D♭
I need to make you see,

C7   Fm*
Oh, what you mean to me.

    Fm Fm(maj7) Fm7   Fm6
Until I do I'm   hoping you

     B♭m(add9) B♭m B♭m7 C5
Will know   what I   mean.

Solo

Fm*   B♭m7*
I love you.

| E♭6 | D°7 | C G7♭9 | C | |

Bridge 3

Fm*
I want you, I want you, I want you.

A♭7   D♭
  I think you know by now,

C7   Fm*
  I'll get to you some - how.

  Fm   Fm(maj7) Fm7   Fm6
Until I do   I'm   telling you,

   B♭m(add9) B♭m B♭m7 C5
So you'll   un - der - stand.

Verse 4

F   B♭m7*
Michelle, ma belle.

E♭6   D°7   C
Sont les mots qui vont très bien en - semble,

G7♭9   C
Très bien en - semble.

     Fm   Fm(maj7) Fm7   Fm6
And I will say the only   words I know

   B♭m(add9) B♭m B♭m7   C5
That you'll   un - der - stand,

    F
My Michelle.

Outro

| B♭m7* | E♭6 | D°7 | C   G7♭9| C | |
| F | B♭m7* | E♭6 | *Fade out* | |

Money

(That's What I Want)

Words and Music by
Berry Gordy and Janie Bradford

Melody:

The best _ things in   life are   free. _

Intro

| E7 | | | | |
| B7 | A7 | E7 | B7 | |

Verse 1

    E   A   E
The best things in life are free.

But you can keep them for the birds and bees.

                A7
Now give me mon   -   ey.
           (That's   what I want.)

             E7
That's what I want. (That's what I want.)

            B7   A7
That's what I want,   yeah.
           (That's what I   want.)

E7   B7
  That's what I want.

Verse 2

            E   A   E
Your lovin' give me a thrill.

But your lovin' don't pay my bills.

              A7
Now give me mon   -   ey.
              (That's   what I want.)

              E7
That's what I want. (That's what I want.)

          B7   A7
That's what I want,   yeah.
            (That's what I   want.)

E7   B7
That's what I want.

Verse 3

            E   A   E
Money don't get ev'rything it's true.

What it don't get I can't use.

              A7
Now give me mon   -   ey.
              (That's   what I want.)

              E7
That's what I want. (That's what I want.)

          B7   A7
That's what I want,   yeah.
            (That's what I   want.)

E7   B7
That's what I want.

Solo   *Repeat Intro*

Verse 4   *Repeat Verse 3*

Verse 5

                E7
Well, now give me money. (That's what I want.)

                                  A7
A lotta money.   Wow, yeah. I wanna be free.
        (That's   what I want.)

(That's what I want.)

        E7
Whole lot - ta money.
        (That's what I want.)

        B7   **A7**
That's what I want,   yeah.
        (That's what I   want.)

E7   **B7**
    That's what I want.

Verse 6

                E7
Well, now give me money. (That's what I want.)

                                  A7
A lotta money.   Wow, yeah. You know I need mon - ey.
        (That's   what I want.)

                    E7
    Oh,   now give me money.
(That's what I want.)   (That's what I want.)

        B7   **A7**
That's what I want,   yeah.
        (That's what I   want.)

E7
    That's what I want.

Mother Nature's Son

Words and Music by
John Lennon and Paul McCartney

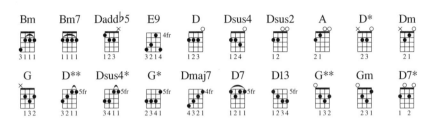

Born _ a   poor _ young   coun - try _ boy,

Intro

Bm Bm7	Dadd♭5 E9	
D Dsus4	Dsus2 Dsus4 D	
Dsus2 D Dsus4 D	Dsus2 D Dsus2 D	

Verse 1

D   Dsus4   D
Born a poor young country boy,

Bm   Bm7   Dadd♭5   E9
Mother Nature's son.

A D   A D A
All day long __ I'm sitting

D   A   D
Sing - ing songs __ for ev - 'ryone.

| D*   Dm | G   D* | |
| Dm | G   D* | |

Verse 2

D   Dsus4   D
Sit be - side a mountain stream,

Bm   Bm7   Dadd♭5   E9
See her waters rise.

A   D   A D A
Lis - ten to __ the pretty

      D   A   D   D*   Dm   G   D*
Sound __ of mu - sic as she flies.

Bridge 1

    Dsus4 D**   Dsus4* D** G*   D**
Do, doot, do, do, do,   do, do, doodle, do.

       Dsus4* D** G*   D**   Dmaj7   D7
Do, do, do,   do, do, doodle, do.

    D13 D7   G**   Gm   D
Mm, do, _____ do.

Verse 3

D   Dsus4   D
Find me in my field of grass,

Bm   Bm7   Dadd♭5   E9
Mother Nature's son.

A   D   A D
Sway - ing dais - ies

A   D   A   D   D*   Dm   G   D*
Sing a la - zy song beneath __ the sun.

| | Dsus4 D** | Dsus4* D** G* | D** |
Bridge 2 — Do, doot, do, do, do, do, doodle, doodle, do.

        Dsus4* D** G*   D** Dmaj7   D7
Do, do, do,   do, do, doodle, do.

            D13 D7   G** Gm
Mm, do, do, do,   do, do,

                    D   Dsus4
Yeah, yeah, yeah.

        D Dsus4   D
Verse 4 — Mm, mm, mm, mm, mm,

Bm Bm7 Dadd♭5   E9
Oo, oo.

A   D A D   A   D   A   D   D* Dm G D*
Mm, _____ mm, _____ mm, __ do - wah.

        Dm
Oo, ah,

G   D7*
Mother Nature's son.

Norwegian Wood
(This Bird Has Flown)

Words and Music by John Lennon
and Paul McCartney

Melody:

I once had a girl, ___

Tune down 1/2 step:
F#-B-D#-G#

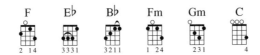

F   Eb   Bb   Fm   Gm   C

Intro   ‖: F | | Eb Bb | F   :‖

Verse 1

F
I once had a girl,

Or should I say

Eb   Bb F
She once had me?

She showed me her room,

Isn't it good,

Eb   Bb F
Norwe - gian wood?

Bridge 1

      Fm   **Bb**
She asked me to stay and she told me to sit anywhere.

      Fm   **Gm C**
So I looked around and I noticed there wasn't a chair.

Verse 2	**F** I sat on a rug
	Biding my time, **E♭** **B♭** **F** Drinking her wine.
	We talked until two,
	And then she said, **E♭** **B♭** **F** "It's time for bed."

Interlude   ‖: F | | E♭ B♭ | F   :‖

Bridge 2
          Fm   **B♭**
          She told me she worked in the morning and started to laugh.
          Fm   **Gm** **C**
          I told her I didn't and crawled off to sleep in the bath.

Verse 3	**F** And when I awoke
	I was alone, **E♭** **B♭** **F** This bird had flown.
	So I lit a fire,
	Isn't it good, **E♭** **B♭** **F** Norwe - gian wood?

Outro | F | | E♭ B♭ | F

Nowhere Man

Words and Music by
John Lennon and Paul McCartney

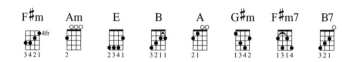

Verse 1

N.C.
He's a real Nowhere Man,

Sitting in his Nowhere Land,

F#m   Am   E
Making all his Nowhere plans for nobody.

Verse 2

E   B
Doesn't have a point of view.

A   E
Knows not where he's going to.

F#m   Am   E
Isn't he a bit like you and me?

Bridge 1

G#m   A
Nowhere Man, please listen.

G#m   A
You don't know what you're missing.

G#m   F#m7   B7
Nowhere Man, the world is at your command.

| *Solo* | |E |B |A |E | |
| | |F#m |Am |E | | |

Verse 3

E   B
He's as blind as he can be.

A   E
Just sees what he wants to see.

F#m   Am   E
Nowhere Man, can you see me at all?

Bridge 2

         G#m   A
Nowhere Man, don't worry.

         G#m   A
Take your time, don't hurry.

         G#m F#m7   B7
Leave it all till somebody else lends you a hand.

Verse 4   *Repeat Verse 2*

Bridge 3   *Repeat Bridge 1*

Verse 5

E   B
He's a real Nowhere Man,

A   E
Sitting in his Nowhere Land,

F#m   Am   E
Making all his Nowhere plans for nobody.

F#m   Am   E
Making all his Nowhere plans for nobody.

F#m   Am   E
Making all his Nowhere plans for nobody.

Ob-La-Di, Ob-La-Da

Words and Music by
John Lennon and Paul McCartney

Melody:

Des-mond has a bar-row in the mar-ket place,

Bb   F   F7   Eb   Gm   Bb*   Bbadd9   Bb7

Intro
| Bb | | | |

Verse 1

Bb   **F**
Desmond has a barrow in the market place,

F7   **Bb**
Molly is a singer in a band.

          Eb
Desmond says to Molly, girl, I like your face,

     Bb   **F**   **Bb**
And Molly says this as she takes him by the hand.

Chorus 1

      Bb   **F**   **Gm**
Ob-La-Di, Ob-La-Da, life goes on, bra,

Bb   **F**   **Bb**
La, la, how their life goes on.

          F   **Gm**
Ob-La-Di, Ob-La-Da, life goes on, bra,

Bb   **F**   **Bb**
La, la, how their life goes on.

Verse 2

B♭   F

Desmond takes a trolley to the jeweler's store,

F7   B♭

Buys a twenty carat golden ring. (Ring.)

                           E♭

Takes it back to Molly waiting at the door,

     B♭   F   B♭

As he gives it to her, she begins to sing:

Chorus 2   *Repeat Chorus 1*

Bridge 1

E♭

   In a couple of years,

                    B♭*   B♭add9   B♭   B♭7

They have built a home sweet home.

E♭

   With a couple of kids running in the yard

   B♭   F

Of Desmond and Molly Jones.

Verse 3

B♭   F

Happy ever after in the market place,

F7   B♭

Desmond lets the children lend a hand.

                     E♭

Molly stays at home and does her pretty face,

     B♭   F   B♭

And in the evening she still sings it with the band.

Chorus 3   *Repeat Chorus 1*

Bridge 2   *Repeat Bridge 1*

Verse 4

B♭   F
Happy ever after in the market place,

F7   B♭
Molly lets the children lend a hand.

                           E♭
Desmond stays at home and does his pretty face,

    B♭   F   B♭
And in the evening she's a singer with the band.

Chorus 4

    B♭   F Gm
Ob-La-Di, Ob-La-Da, life goes on, bra,

B♭   F   B♭
La, la, how their life goes on.

                      F Gm
Ob-La-Di, Ob-La-Da, life goes on, bra,

B♭   F   Gm
La, la, how their life goes on.

And if you want some fun,

    F   B♭
Take Ob-La-Di-Bla-Da.

Paperback Writer

Words and Music by
John Lennon and Paul McCartney

Pa - per-back   writ - er...   writ - er...   writ - er.

G7   G   C

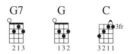

213   132   3211

Intro

N.C.
Paperback writer... writer... writer.

|G7 | | | |

Verse 1

          G
Dear Sir or Madam, will you read my book?

It took me years to write, will you take a look?

It's based on a novel by a man named Lear,

And I need a job,
                      C
So I want to be a paperback writer,
         G
Paperback writer.

	G
Verse 2	It's a dirty story of a dirty man,

And his clinging wife who doesn't understand.

His son is working for the Daily Mail.

It's a steady job,
                                C
But he wants to be a paperback writer,
      G
Paperback writer.
 N.C.   **G7**
(Paperback writer, paperback writer.)

	G
Verse 3	It's a thousand pages, give or take a few.

I'll be writing more in a week or two.

I can make it longer if you like the style,

I can change it 'round,
                            C
And I want to be a paperback writer,
      G   **G7**
Paperback writer.

	G

Verse 4   **G**
If you really like it, you can have the rights.

It could make a million for you overnight.

If you must return it, you can send it here.

But I need a break,

                                  C
And I want to be a paperback writer,
             G
Paperback writer.
  N.C.   **G7**
(Paperback writer, paperback writer.)

                       G
Outro   ‖: (Paperback writer, paperback writer.) :‖ *Repeat and fade*

Octopus's Garden

Words and Music by
Richard Starkey

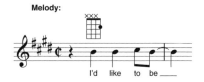

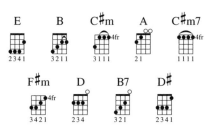

Intro | E B | E | | C#m | A | B |

Verse 1

E   C#m
I'd like to be   under the sea,

         A   B
In an octopus's garden in the shade.

E   C#m
  He'd let us in,   knows where we've been,

       A   B
In his octopus's garden in the shade.

C#m   C#m7
  I'd ask my friends to come and see

A   B
An octopus's garden with me.

Chorus 1

E   C#m
I'd like to be   under the sea

       A   B   E
In an octopus's garden in the shade.

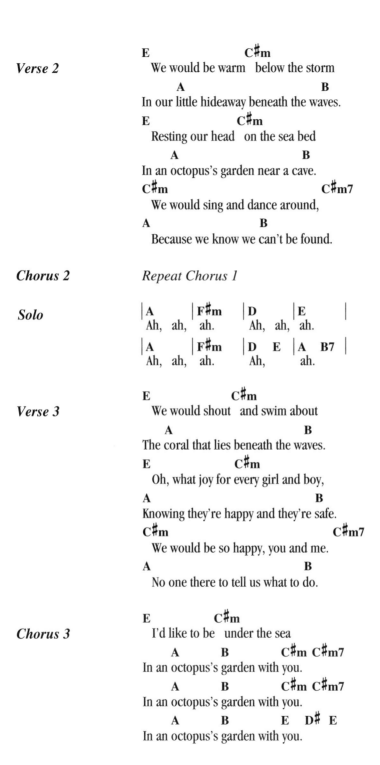

Verse 2

    E   C♯m
We would be warm   below the storm
       A   B
In our little hideaway beneath the waves.
    E   C♯m
Resting our head   on the sea bed
     A   B
In an octopus's garden near a cave.
C♯m   C♯m7
We would sing and dance around,
A   B
Because we know we can't be found.

Chorus 2   *Repeat Chorus 1*

Solo |A |F♯m |D |E |
                   Ah, ah, ah.   Ah, ah, ah.
          |A |F♯m |D E |A B7 |
                   Ah, ah, ah.   Ah,   ah.

Verse 3

    E   C♯m
We would shout   and swim about
     A   B
The coral that lies beneath the waves.
    E   C♯m
Oh, what joy for every girl and boy,
A   B
Knowing they're happy and they're safe.
C♯m   C♯m7
We would be so happy, you and me.
A   B
No one there to tell us what to do.

Chorus 3

    E   C♯m
I'd like to be   under the sea
      A   B   C♯m C♯m7
In an octopus's garden with you.
      A   B   C♯m C♯m7
In an octopus's garden with you.
      A   B   E D♯ E
In an octopus's garden with you.

Oh! Darling

Words and Music by
John Lennon and Paul McCartney

Melody:

Oh! ___ Dar - ling, _   please be - lieve me, _

E+   A   E   F#m7   D   Bm7

4231   21   2341   1314   234   3141

E9   E7   A7   F   B   Bb7

1333   12 3   213   2 1   3211   1324

Intro | E+ |

Verse 1
       A   E
Oh! Darling, please be - lieve me,

F#m7   D
I'll never do you no harm.

    Bm7   E9
Be - lieve me when I tell you,

    Bm7   E9   A   D A E7
I'll never do you no harm.

Verse 2
       A   E
Oh! Darling, if you leave me,

F#m7   D
I'll never make it a - lone.

    Bm7   E9
Be - lieve me when I beg you,

    Bm7   E9   A   D A A7
Don't ever leave me a - lone.

Bridge 1	**D** **F** When you told me you didn't need me anymore,

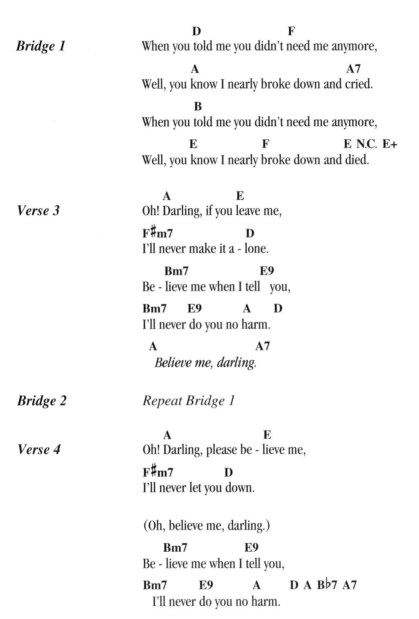

Bridge 1

     D   **F**
When you told me you didn't need me anymore,

     A   **A7**
Well, you know I nearly broke down and cried.

     B
When you told me you didn't need me anymore,

     E   **F**   **E N.C. E+**
Well, you know I nearly broke down and died.

Verse 3

     A   **E**
Oh! Darling, if you leave me,

F#m7   **D**
I'll never make it a - lone.

     Bm7   **E9**
Be - lieve me when I tell   you,

Bm7   **E9**   **A**   **D**
I'll never do you no harm.

     A   **A7**
Believe me, darling.

Bridge 2

Repeat Bridge 1

Verse 4

     A   **E**
Oh! Darling, please be - lieve me,

F#m7   **D**
I'll never let you down.

(Oh, believe me, darling.)

     Bm7   **E9**
Be - lieve me when I tell you,

Bm7   **E9**   **A**   **D A B♭7 A7**
   I'll never do you no harm.

Penny Lane

Words and Music by
John Lennon and
Paul McCartney

Pen-ny Lane,_ there is a bar - ber show-ing pho - to - graphs _

B   C#m   F#7   Bm   G#m7♭5

Gmaj7   F#7sus4   E   A   D

Verse 1

           B   **C#m**   **F#7**
Penny Lane, there is a barber showing photographs
           B   **Bm**
Of ev'ry head he's had the pleasure to know.
      G#m7♭5   **Gmaj7**
And all the people that come and go,
           F#7sus4   F#7   F#7sus4   F#7
Stop and say hello.

Verse 2

           B   **C#m**   **F#7**
On the corner is a banker with a motorcar,
           B   **Bm**
The little children laugh at him behind his back.
      G#m7♭5   **Gmaj7**
And the banker never wears a mac
    F#7sus4   **F#7 E**
In the pouring rain.   Very strange.

Chorus 1

          A   **D**
Penny Lane is in my ears and in my eyes.
    A   **D**
There beneath the blue suburban skies
     F#7
I sit, and meanwhile back...

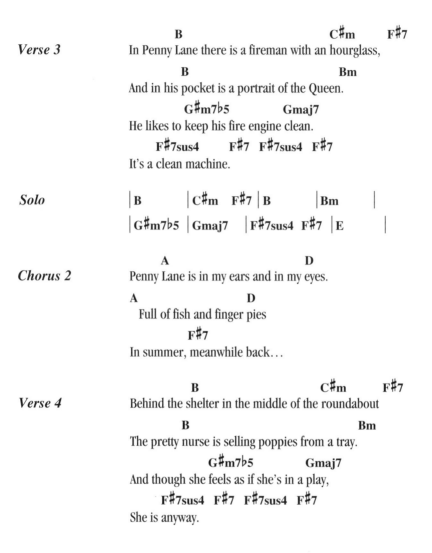

Verse 3

B   C#m F#7
In Penny Lane there is a fireman with an hourglass,

B   Bm
And in his pocket is a portrait of the Queen.

G#m7b5   Gmaj7
He likes to keep his fire engine clean.

F#7sus4 F#7 F#7sus4 F#7
It's a clean machine.

Solo

| B | C#m F#7 | B | Bm |

| G#m7b5 | Gmaj7 | F#7sus4 F#7 | E |

Chorus 2

A   D
Penny Lane is in my ears and in my eyes.

A   D
Full of fish and finger pies

F#7
In summer, meanwhile back…

Verse 4

B   C#m F#7
Behind the shelter in the middle of the roundabout

B   Bm
The pretty nurse is selling poppies from a tray.

G#m7b5   Gmaj7
And though she feels as if she's in a play,

F#7sus4 F#7 F#7sus4 F#7
She is anyway.

Verse 5

                B   **C#m**   **F#7**
In Penny Lane the barber shaves another customer.

          B   **Bm**
We see the banker sitting waiting for a trim.

        G#m7♭5   **Gmaj7**
And then the fireman rushes in

      F#7sus4   **F#7** **E**
From the pouring rain.   Very strange.

Chorus 3

          A   **D**
Penny Lane is in my ears and in my eyes.

A   **D**
There beneath the blue suburban skies

     F#7
I sit, and meanwhile back…

      B   **E**
Penny Lane is in my ears and in my eyes.

B   **E**
There beneath the blue suburban skies…

      B
Penny Lane.

Polythene Pam

Words and Music by
John Lennon and Paul McCartney

Melody:

Well, you should see   Pol - y-thene Pam.

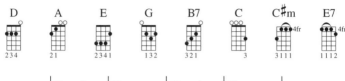

D	A	E	G	B7	C	C#m	E7
2 3 4	2 1	2 3 4 1	1 3 2	3 2 1	3	3 1 1 1	1 1 1 2

Intro |D   A |E |D   A |E |

Verse 1
                      D   A   **E**
Well, you should see Polythene Pam.

                D   **A**   **E**
She's so good looking, but she looks like a man.

                G   **B7**
Well, you should see her in drag, dressed in her polythene bag.

             C   D   **E**
Yes, you should see Polythene Pam.

C   **D**   **E**   **D A E   D A E**
Yeah, yeah, yeah.

Verse 2
                D   **A**   **E**
Get a dose of her in jackboots and kilt.

                D   **A**   **E**
She's a killer diller when she's dressed to the hilt.

                G   **B7**
She's the kind of a girl that makes the News of the World,

               C   **D**   **E**
Yes, you could say she was at - tractively built.

C   **D**   **E**   **D A E   D A E**
Yeah, yeah, yeah.

Solo   ‖:D   A |E |D   A |E   :‖ *Play 4 times*
           | | | |D |C#m |E7
                                              Oh, look out!

Piggies

Words and Music by
George Harrison

Have you seen _ the lit - tle pig - gies crawl-ing in ___ the dirt? _

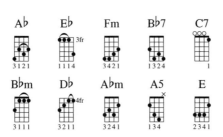

Ab 3121	Eb 1114 3fr	Fm 3421
Bb7 1324	C7 1	
Bbm 3111	Db 3211 4fr	Abm 3241
A5 134	E 2341	

Intro

|Ab Eb |Ab Eb |

Verse 1

Ab   Eb   Ab   Eb
Have you seen the little piggies crawling in the dirt?

Ab   Eb   Fm   Bb7
And for all the little piggies, life is getting worse,

Fm   Bb7   Eb   Ab Eb Ab Eb
Always having dirt to play around in.

Verse 2

Ab   Eb   Ab   Eb
Have you seen the bigger piggies in their starched white shirts?

Ab   Eb   Fm   Bb7
You will find the bigger piggies stirring up the dirt,

Fm   Bb7   Eb   Ab Eb Ab C7
Always have clean shirts to play around in.

Bridge	**B♭m** **C7** In their sties with all their backing, **D♭** **A♭** **E♭** They don't care what goes around. **B♭m** **C7** In their eyes there's something lacking; **D♭** **E♭** What they need's a damn good whacking!

Solo

|Ab Eb |Ab Eb |Ab Eb |Fm Bb7 |
|Fm Bb7 |Eb |Ab Eb |Ab Eb |

Verse 3	**A♭** **E♭** **A♭** **E♭** Everywhere there's lots of piggies, living piggy lives. **A♭** **E♭** **Fm** **B♭7** You can see them out for dinner with their piggy wives. **Fm** **B♭7** **E♭** Clutching forks and knives to eat their bacon.

Outro

|Ab Eb |Abm Eb |Abm Eb |Bb7 Eb |
|N.C. |A5 |E
One more time.

Please Mr. Postman

Words and Music by Robert Bateman,
Georgia Dobbins, William Garrett,
Freddie Gorman and Brian Holland

Melody:

Oh, yes, wait a min-ute, Mis-ter Post-man.

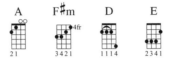

Intro

    A
Oh, yes, wait a minute, Mister Postman.
F#m
  Wait, Mister Postman.

Chorus 1

    A
  Mister Postman, look and see.
F#m
  Is there a letter in your bag for me?
D
  I've been a waiting a long, long time
E
  Since I heard from that gal of mine.

Verse 1

A
There must be some word today

F♯m
From my girlfriend so far away.

D
Please, Mr. Postman, look and see

E
If there's a letter, a letter for me.

A
I've been standin' here waiting, Mister Postman,

F
So patiently

D
For just a card, or just a letter

E
Saying she's returning home to me.

Chorus 2   *Repeat Chorus 1*

Verse 2

A
So many days you've passed me by,

F♯m
See the tears standin' in my eyes.

D
You didn't stop to make me feel better

E
By leaving me a card or a letter.

Chorus 3   *Repeat Chorus 1*

Outro

A
‖: You gotta wait a minute, wait a minute, oh yeah.

F♯m
Wait a minute, wait a minute, oh yeah.

D
You gotta wait a minute, wait a minute, oh yeah.

E
Check it and see. One more time for me. :‖   *Repeat and fade*

Please Please Me

Words and Music by
John Lennon and
Paul McCartney

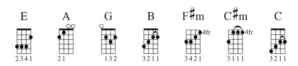

Last night I said these words to my _____ girl:

E   A   G   B   F#m   C#m   C

2341   21   132   3211   3421   3111   3211

Intro |E | | | |

Verse 1

　　　　　E   A E   G A B
　　　　　Last night I said these words to my girl:

　　　　　E   A E
　　　　　I know you never even try, girl.

Chorus 1

　　　　　　　　A   F#m
　　　　　Come on, come on.

　　　　　C#m   A
　　　　　Come on, come on.

　　　　　　　　E   A
　　　　　Please, please me, woh yeah,

　　　　　　　B   E   A B
　　　　　Like I please you.

Verse 2

　　　　　E   A E   G A B
　　　　　You don't need me to show the way, love.

　　　　　E   A E
　　　　　Why do I always have to say, love.

Chorus 2

        A   F#m
Come on, come on.

     C#m   A
Come on, come on.

        E   A
Please, please me, woh yeah,

       B   E
Like I please you.

Bridge

A
I don't want to sound complaining,

B   E
But you know there's always rain in my heart.

A
I do all the pleasing with you,

B   E
It's so hard to reason with you.

    A   B   E   A B
Oh yeah, why do you make me blue?

Verse 3   *Repeat Verse 1*

Chorus 3

        A   F#m
Come on, come on.

     C#m   A
Come on, come on.

        E   A
Please, please me, woh yeah,

       B
Like I please you.

E   A
Please, please me, woh yeah,

       B
Like I please you.

E   A
Please, please me, woh yeah,

       B   E   G C B E
Like I please you.

P.S. I Love You

Words and Music by
John Lennon and Paul McCartney

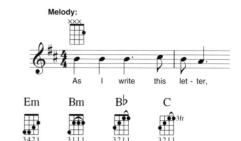

Melody:

As I write this let - ter,

G C#7 D A Em Bm Bb C

Intro

G C#7   D
As I write this letter,

G   C#7   D
Send my love to you.

G   C#7   D
Re - member that I'll always

A   D
Be in love with you.

Verse 1

D   Em   D
Treasure these few words till we're to - gether:

A   Bm
Keep all my love for - ever.

A   Bb
P.S. I love you,

C   D
You, you, you.

Verse 2

D   Em   D
I'll be coming home again to you, love.

A   Bm
Un - til the day I do, love,

A   Bb
P.S. I love you,

C   D
You, you, you.

Bridge 1	G D

Bridge 1

     G   D
As I write this letter,

     G   D
Send my love to you,

       G   D
Re - member that I'll always

       A   D
Be in love with you.

Verse 3   *Repeat Verse 1*

Bridge 2

     G   D
As I write this letter, (Oh.)

     G   D
Send my love to you, (You know I want you to.)

       G   D
Re - member that I'll always, yeah,

       A   D
Be in love with you.

Verse 4

     D   Em   D
I'll be coming home again to you, love.

       A   Bm
Un - til the day I do, love,

     A   B♭
P.S. I love you,

       C   D
You, you, you.

     B♭ C   D
You, you, you.

     B♭ C   D
I   love you.

Revolution

Words and Music by
John Lennon and Paul McCartney

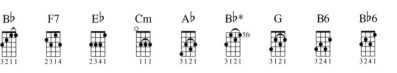

You say you want a rev - o - lu - tion, _____

| Bb | F7 | Eb | Cm | Ab | Bb* | G | B6 | Bb6 |

Intro |Bb | | |F7 |

Verse 1

       Bb
You say you want a revolution,
      Eb
Well, you know,

          Bb
We all want to change the world.

You tell me that it's evolution,
      Eb
Well, you know,

          F7
We all want to change the world.

Cm N.C.   **F7**   **N.C.**
    But when you talk about de - struc - tion,
Cm N.C.   **Ab**   **Bb*** **G**
    Don't you know that you can count me   out?

Chorus 1

F7   **Bb**   **Eb**
Don't you know it's going to be __ alright?
Bb   **Eb Bb**   **Eb** **F7**

Alright, __ alright.

Verse 2

                        B♭
You say you got a real solution,

                 E♭
Well, you know,

                        B♭
We'd all love to see the plan.

You ask me for a contribution,

                 E♭
Well, you know,

                     F7
We're all doing what we can.

Cm N.C.   F7   N.C.
           But if you want money for people with minds that hate,

Cm N.C.   A♭ B♭* G
           All I can tell you is, brother, you'll have to   wait.

Chorus 2   *Repeat Chorus 1*

Solo | B♭ | | | E♭ | |
               | F7 | | | |

Verse 3

       B♭
You say you'll change the Constitution,

      E♭
Well, you know,

        B♭
We all want to change your head.

You tell me it's the institution,

      E♭
Well, you know,

          F7
You'd better free your mind in - stead.

Cm N.C.   **F7**   **N.C.**
     But if you go carrying pictures of Chair - man Mao,

Cm N.C.   **A♭ B♭* G**
     You ain't gonna make it with anyone an - y - how.

Chorus 3   *Repeat Chorus 1*

       B♭   **E♭**
Outro   Alright, __ alright,

       B♭   **E♭**
Alright, __ alright,

      B♭   **E♭**
Alright, __ alright,

      F7   **B6** **B♭6**
Alright, __ alright!

Rocky Racoon

Words and Music by
John Lennon and Paul McCartney

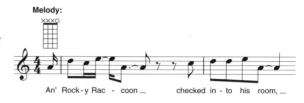

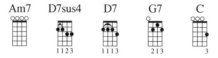

Am7 D7sus4 D7 G7 C

Intro |Am7 | |

Verse 1
               Am7
Now somewhere in the black mountain hills of Dakota
            D7sus4   **D7**
There lived a young boy named Rocky Rac - coon
G7   **C**
And one day his woman ran off with an - other guy.
              Am7
Hit young Rocky in the eye.

Rocky didn't like that,
          D7sus4   **D7**
He said, "I'm gonna get that boy."
      G7
So one day he walked into town,
                      C
Booked himself a room in the local saloon.

Verse 2

    Am7   **D7sus4**   **D7**
Rocky Raccoon checked into his room,

G7   **C**
Only to find Gideon's Bible.

Am7   **D7sus4**   **D7**
Rocky had come, e - quipped with a gun,

 G7   **C**
To shoot off the legs of his ri - val.

 Am7   **D7sus4**   **D7**
His rival, it seems, had broken his dreams,

 G7   **C**
By stealing the girl of his fan - cy.

   Am7   **D7sus4**   **D7**
Her name was Magill, and she called __ herself Lil,

 G7   **C**
But everyone knew her as Nan - cy.

Verse 3

   Am7   **D7sus4**   **D7**
Now she and her man, who called himself Dan,

 G7   **C**
Were in the next room at the hoe - down.

Am7   **D7sus4**   **D7**
Rocky burst in, and grinning a grin,

   G7   **C**
He said, "Danny boy, this is a show - down."

  Am7   **D7sus4**   **D7**
But Daniel was hot, he drew first and shot,

  G7   **C**
And Rocky collapsed in the cor - ner.

Solo ‖: Am7 | D7sus4 D7 | G7 | C   :‖

Verse 4
         Am7   D7sus4   D7
Now, the doctor came in, stinking of gin,
         G7   C
And pro - ceeded to lie on the ta - ble.
         Am7
He said, "Rocky, you met your match,"
         D7sus4   D7
And Rocky said, "Doc, it's only a scratch,
         G7
And I'll be better, I'll be better, Doc,
               C
As soon as I am   able."

Verse 5
         Am7   D7sus4   D7
Now Rocky Raccoon, he fell back in his room,
G7   C
Only to find Gideon's Bi - ble.
Am7   D7sus4   D7
Gideon checked out and he left in no doubt
     G7   C
To help with good Rocky's revival.

Outro
| Am7 | D7sus4 D7 | G7 | C |
| Am7 | D7sus4 D7 |
(Come on, Rocky boy.   Come on, Rocky boy.)
| G7 | C   G7 C |

Sexy Sadie

Words and Music by
John Lennon and Paul McCartney

Melody:

Sex - y Sa - die,   what have you done?

C   D   G   F#7   F   D7
3211   234   132   2314   2 1   1112

Bm   Am7   Cmaj7   Bm7   A7   Ab7
3111   1 3   2   3141   1324   1324

Intro | C   D | G   F#7 | F   D7 |

Verse 1
G   F#7 Bm
Sexy Sa - die, what have you done?

C   D   G   F#7
You made a fool of everyone.

C   D   G   F#7
You made a fool __ of everyone.

F   D7   G
Sexy Sadie, oh, __ what have you done?

Verse 2
G   F#7 Bm
Sexy Sa - die, you broke the rules.

C   D   G   F#7
You laid it down __ for all to see.

C   D   G   F#7
You laid it down __ for all to see.

F   D7   G
Sexy Sadie, oh, __ you broke the rules.

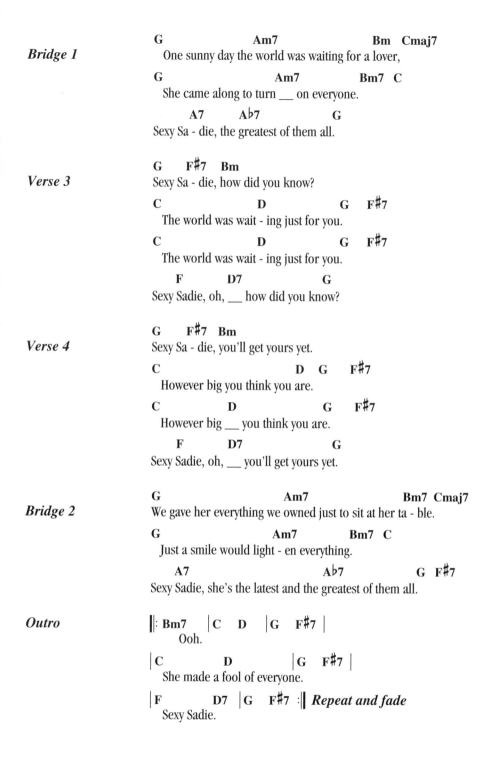

Bridge 1

G   Am7   Bm   Cmaj7
One sunny day the world was waiting for a lover,

G   Am7   Bm7 C
She came along to turn __ on everyone.

      A7   A♭7   G
Sexy Sa - die, the greatest of them all.

Verse 3

G   F♯7 Bm
Sexy Sa - die, how did you know?

C   D   G   F♯7
The world was wait - ing just for you.

C   D   G   F♯7
The world was wait - ing just for you.

      F   D7   G
Sexy Sadie, oh, __ how did you know?

Verse 4

G   F♯7 Bm
Sexy Sa - die, you'll get yours yet.

C   D G   F♯7
However big you think you are.

C   D   G   F♯7
However big __ you think you are.

      F   D7   G
Sexy Sadie, oh, __ you'll get yours yet.

Bridge 2

G   Am7   Bm7 Cmaj7
We gave her everything we owned just to sit at her ta - ble.

G   Am7   Bm7 C
Just a smile would light - en everything.

      A7   A♭7   G F♯7
Sexy Sadie, she's the latest and the greatest of them all.

Outro

‖: Bm7 |C   D |G   F♯7 |
    Ooh.

|C   D |G   F♯7 |
    She made a fool of everyone.

|F   D7 |G   F♯7 :‖ *Repeat and fade*
    Sexy Sadie.

Sgt. Pepper's Lonely Hearts Club Band

Words and Music by
John Lennon and Paul McCartney

It was twen-ty years a - go   to - day, _

A7   C7   G7   F7   D7   D   G   B♭   C

1   1   2 1 3 2 3 1 4 1 1 1 2 1 1 1 4 1 3 2 3 2 1 1 3

Intro |A7 | |C7 |G7 |

Verse 1
                G7   A7
           It was twenty years ago today,

                   C7   G7
           Sergeant Pepper taught the band to play.

                                      A7
           They've been going in and out of style,

                   C7   G7
           But they're guaranteed to raise a smile.

           A7
           So may I introduce to you

           C7
           The act you've known for all these years:

           G7   C7   G7
           Sergeant Pepper's Lonely Hearts Club Band.

Interlude |C7 |F7 |C7 |D7 | D |

Chorus

      G   B♭   C7   G
We're Sergeant Pepper's Lonely Hearts Club Band,

    C7   G
We hope you will enjoy the show.

              B♭   C7   G
Sergeant Pepper's Lonely Hearts Club Band,

    A7   D7
Sit back and let the evening go.

C7   G7
Sergeant Pepper's Lonely, Sergeant Pepper's Lonely,

A7   C7   G
Sergeant Pepper's Lonely Hearts Club Band.

Bridge

    C7
It's wonderful to be here,

    F7
It's certainly a thrill.

    C7
You're such a lovely audience,

    D7
We'd like to take you home with us,

                D
We'd love to take you home.

Verse 2

N.C. G7   A7
I don't really want to stop the show,

    C7   G7
But I thought you might like to know,

                    A7
That the singer's going to sing a song,

    C7   G7
And he wants you all to sing along.

  A7
So let me introduce to you

    C7
The one and only Billy Shears,

G7   C7   G7   C
And Sergeant Pepper's Lonely Hearts Club Band, yeah!

With a Little Help from My Friends

Words and Music by
John Lennon and Paul McCartney

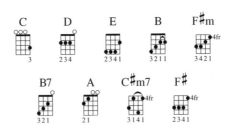

Intro

        C   D   E
Bil - ly Shears.

Verse 1

     E   B   F#m
What would you think __ if I sang __ out of tune,
                          B7   E
Would you stand up and walk __ out on me?
                    B   F#m
Lend me your ears __ and I'll sing __ you a song,
                      B7   E
And I'll try not to sing __ out of key.

Chorus 1

            D   A   E
Oh, I get by __ with a little help __ from my friends.
            D   A   E
Mm, I get high __ with a little help __ from my friends.
              A   E   B
Mm, I'm gonna try __ with a little help from my friends.

Verse 2

```
E           B          F♯m
What do I do __ when my love __ is away?
                 B7      E
(Does it worry you to be alone?)
               B          F♯m
How do I feel __ by the end __ of the day?
                    B7          E
(Are you sad because you're on your own?)
```

Chorus 2

```
               D                A              E
No, I get by __ with a little help __ from my friends.
               D                A              E
Mm, I get high __ with a little help __ from my friends.
               A                       E
Mm, gonna try __ with a little help from my friends.
```

Bridge 1

```
              C♯m7      F♯
(Do you need __ anybod - y?)
    E           D        A
I need some - body to love.
              C♯m7       F♯
(Could it be __ anybod - y?)
    E           D        A
I want some - body to love.
```

Verse 3

```
    E              B          F♯m
(Would you believe __ in a love __ at first sight?)
                    B7              E
Yes, I'm certain that it hap - pens all the time.
               B          F♯m
(What do you see __ when you turn __ out the light?)
                    B7          E
I can't tell you, but I know __ it's mine.
```

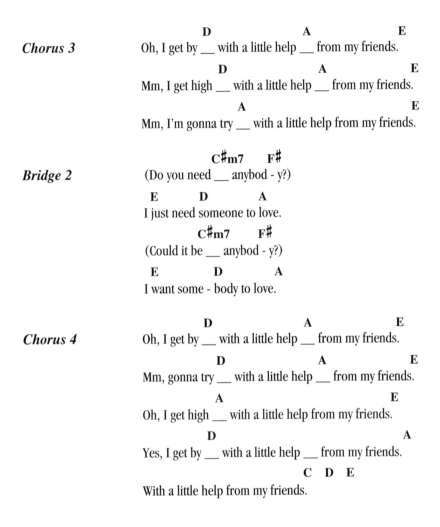

Chorus 3

       D   **A**   **E**
Oh, I get by __ with a little help __ from my friends.

       D   **A**   **E**
Mm, I get high __ with a little help __ from my friends.

       A   **E**
Mm, I'm gonna try __ with a little help from my friends.

Bridge 2

     C♯m7   **F♯**
(Do you need __ anybod - y?)

  E   **D**   **A**
I just need someone to love.

     C♯m7   **F♯**
(Could it be __ anybod - y?)

  E   **D**   **A**
I want some - body to love.

Chorus 4

       D   **A**   **E**
Oh, I get by __ with a little help __ from my friends.

       D   **A**   **E**
Mm, gonna try __ with a little help __ from my friends.

       A   **E**
Oh, I get high __ with a little help from my friends.

       D   **A**
Yes, I get by __ with a little help __ from my friends.

                  C **D** **E**
With a little help from my friends.

She Loves You

Words and Music by
John Lennon and Paul McCartney

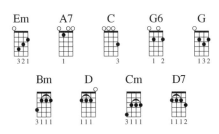

Intro

              Em
She loves you, yeah, yeah, yeah.

              A7
She loves you, yeah, yeah, yeah.

              C   **G6**
She loves you, yeah, yeah, yeah, yeah.

Verse 1

              G   **Em**
You think you lost your love,

              Bm   **D**
Well, I saw her yester - day.

              G   **Em**
It's you she's thinking of,

              Bm   **D**
And she told me what to say.

              G   **Em**
She says she loves you, and you know that can't be bad.

              Cm   **D**
Yes, she loves you, and you know you should be glad.

Verse 2

G   Em
She said you hurt her so,

Bm   D
She almost lost her mind.

G   Em
But now she says she knows,

Bm   D
You're not the hurting kind.

G   Em
She says she loves you, and you know that can't be bad.

Cm   D
Yes, she loves you, and you know you should be glad. __ Ooh.

Chorus 1

Em
She loves you, yeah, yeah, yeah.

A7
She loves you, yeah, yeah, yeah.

Cm   N.C.
With a love like that,

D7   G
You know you should be glad.

Verse 3

       G   **Em**
You know it's up to you,

Bm   **D**
I think it's only fair.

G   **Em**
Pride can hurt you too,

  Bm   **D**
A - pologize to her.

             G   **Em**
Because she loves you, and you know that can't be bad.

          Cm   **D**
Yes, she loves you, and you know you should be glad. __ Ooh.

Chorus 2

       Em
She loves you, yeah, yeah, yeah.

      A7
She loves you, yeah, yeah, yeah.

       Cm   **N.C.**
With a love like that,

      D7   **G** **Em**
You know you should be glad.

       Cm   **N.C.**
With a love like that,

      D   **G** **Em**
You know you should be glad.

       Cm   **N.C.**
With a love like that,

      D7   **G**
You know you should be glad.

Em
  Yeah, yeah, yeah.

C   **G6**
  Yeah, yeah, yeah, yeah.

She's a Woman

Words and Music by
John Lennon and Paul McCartney

Melody:

My love don't give me pres - ents,

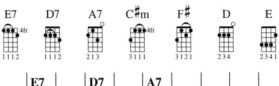

E7   D7   A7   C#m   F#   D   E

Intro
| E7 | | D7 | | A7 | | | | | | |

Verse 1
                A7   D7   A7
My love don't give me presents,
                    D7   A7
I know that she's no peasant.
D7
Only ever has to give me love forever and forever.
        A7   D7   A7
My love don't give me presents,
E7
Turn me on when I get lonely.
D7   A7
People tell me that she's only foolin',
        D7   A7   E7
I know she isn't.

Verse 2
                A7   D7   A7
She don't give boys the eye,
                        D7   A7
She hate to see me cry.
D7
She is happy just to hear me say that I will never leave her.
A7   D7   A7
She don't give boys the eye,
E7
She will never make me jealous.
D7   A7
Give me all her time as well as lovin',
        D7   A7
Don't ask me why.

Bridge 1	C#m F# She's a woman who understands, C#m D E She's a woman who loves her man.
Verse 3	*Repeat Verse 1*
Interlude	|A7 | | | |D7 | | |A7 | |E7 |D7 |A7 |E7 |
Bridge 2	C#m F# She's a woman who understands, C#m D E She's a woman who loves her man.
Verse 4	A7 D7 A7 My love don't give me presents,

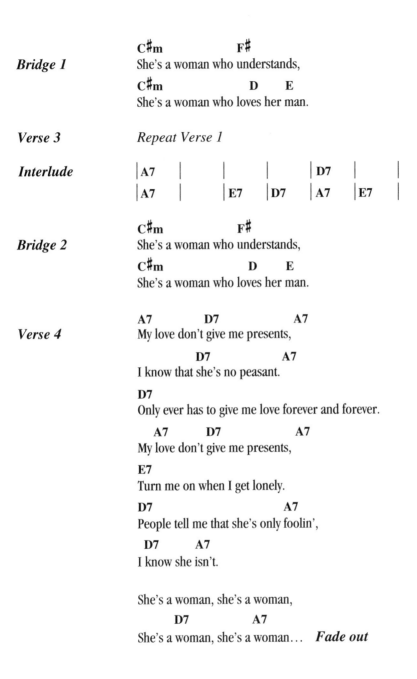

Verse 4 (continued):

          D7   A7
I know that she's no peasant.

D7
Only ever has to give me love forever and forever.

  A7   D7   A7
My love don't give me presents,

E7
Turn me on when I get lonely.

D7   A7
People tell me that she's only foolin',

  D7   A7
I know she isn't.

She's a woman, she's a woman,

        D7   A7
She's a woman, she's a woman… ***Fade out***

Something

Words and Music by
George Harrison

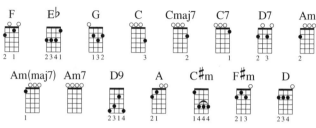

Some-thing in ___ the way   she   moves ___

Intro

| F   Eb   G |

Verse 1

    C   Cmaj7
Something in the way she moves

C7   F
  Attracts me like no other lover.

D7   G
Something in the way she woos me.

  Am   Am(maj7)
I don't want to leave her now,

     Am7   D7   F Eb G
You know I believe, and how.

Verse 2

    C   Cmaj7
Somewhere in her smile she knows

C7   F
  That I don't need no other lover.

D7   G
Something in her style that shows me.

  Am   Am(maj7)
I don't want to leave her now,

     Am7   D7
You know I believe, and how.

| F   Eb   G | A |

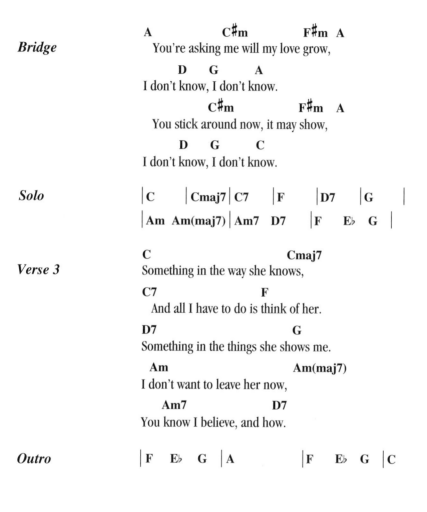

Bridge

  A   C#m   F#m A
You're asking me will my love grow,

    D   G   A
I don't know, I don't know.

      C#m   F#m A
You stick around now, it may show,

    D   G   C
I don't know, I don't know.

Solo

| C | Cmaj7 | C7 | F | D7 | G | |
| Am Am(maj7) | Am7 D7 | F Eb G | |

Verse 3

C   Cmaj7
Something in the way she knows,

C7   F
And all I have to do is think of her.

D7   G
Something in the things she shows me.

  Am   Am(maj7)
I don't want to leave her now,

   Am7   D7
You know I believe, and how.

Outro

| F Eb G | A | F Eb G | C

Strawberry Fields Forever

Words and Music by
John Lennon and Paul McCartney

Let me take you   down, _ 'cause I'm go - ing   to ____

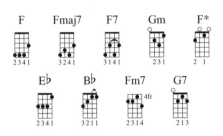

Intro |F Fmaj7 |F7 |Gm F* |E♭ B♭ |

Chorus 1
    B♭
Let me take you down,
        Fm7
'Cause I'm going to

Strawberry Fields.
G7
  Nothing is real,
    E♭   **G7**
And nothing to get hung about.
E♭   **B♭**
Strawberry Fields for - ever.

Verse 1

F   Fmaj7 F7
Living is easy with eyes closed,

Gm   F   E♭
Misunder - standing all you see.

F   B♭
It's getting hard to be some - one,

Gm
But it all works out;

E♭   F   E♭ B♭
It doesn't matter much to me.

Chorus 2   *Repeat Chorus 1*

Verse 2

F   Fmaj7 F7
No one I think is in my tree,

Gm   F   E♭
I mean, it must be high or low.

F   B♭
That is, you can't, you know, tune in,

Gm
But it's all right.

E♭   F   E♭ B♭
That is, I think it's not too __ bad.

Chorus 3   *Repeat Chorus 1*

Verse 3

        F   **Fmaj7**   **F7**
Always know, some - times think it's me,

Gm   **F**   **E♭**
But you know, I know when it's a dream.

        F   **B♭**
I think a 'No,' I mean a 'Yes,'

         Gm
But it's all wrong.

E♭   **F**   **E♭**   **B♭**
That is, I think I dis - agree.

Chorus 4

B♭
   Let me take you down,

           Fm7
'Cause I'm going to

Strawberry Fields.

G7
   Nothing is real,

    E♭   **G7**
And nothing to get hung about.

E♭   **B♭**   **Gm**
Strawberry Fields for - ever.

E♭   **B♭**
Strawberry Fields for - ever.

E♭   **F**   **E♭**
Strawberry Fields for - ever.

Outro   ‖: **B♭** | | | :‖ *Repeat and fade*

Sun King

Words and Music by
John Lennon and Paul McCartney

Here comes the Sun King.

E   F#m7   B6   E6   Fadd2   C   Cmaj7

Gm7   A7   F   D7   Em7   C7   E6*

Intro

| E | | | | |

||: F#m7 | B6 | E6 | E :|| *Play 3 times*

Fadd2
Ah.

Chorus

C   Cmaj7   Gm7 A7
Here comes the Sun   King.

C   Cmaj7   Gm7 A7
Here comes the Sun   King.

F   D7
Everybody's laugh - ing,

F   D7
Everybody's hap - py.

C   Em7   C7 F
Here comes the Sun King.

Verse

F#m7   B6   E6 E
Quando para mucho mi amore de felice cara - fon.

F#m7   B6   E6 E
Mundo paparazzi mi amore cicce verdi para - sol.

F#m7   B6   E6 E6*
Cuesto abrigado tanta mucho que can eat it carou - sel.

Taxman

Words and Music by
George Harrison

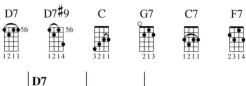

Intro | D7 | |

Verse 1

　　　　　　　D7　　　　　　　　　　D7#9
Let me __ tell you how it will be:
D7　　　　　　　　　　　　　　　　D7#9
　There's one for you, nineteen for me.
D7　　　　　C
　'Cause I'm the Taxman.
　　　　　　　　G7　　　D7
Yeah, I'm the __ Taxman.

Verse 2

　　　　　　　　　D7　　　　　　　　　D7#9
Should five __ percent appear too small,
D7　　　　　　　　　　　D7#9
　Be thankful I don't take it all.
D7　　　　　C
　'Cause I'm the Taxman.
　　　　　　　　G7　　　D7
Yeah, I'm the __ Taxman.

Bridge

　　　　　　D7
(If you drive a car, car.) I'll tax the street.
　　　　　　　　C7
(If you try to sit, sit.) I'll tax your seat.
　　　　　　D7
(If you get too cold, cold.) I'll tax the heat.
　　　　　　　　　C7
(If you take a walk, walk.) I'll tax your feet…
D7
Taxman!

Solo | D7 | D7#9 D7 | | | | D7#9 D7 |

           C
       Well, I'm the Taxman.
              G7   D7
       Yeah, I'm the __ Taxman.

              D7
Verse 3   Don't ask __ me what I want it for.
       D7#9   D7
       (Ah, ah, Mis - ter Wilson!)

       If you don't want to pay some more.
       D7#9   D7
       (Ah, ah, Mis - ter Heath!)
             C
       'Cause I'm the Taxman.
              G7   D7
       Yeah, I'm the __ Taxman.

              D7
Verse 4   Now my advice for those who die,
       D7#9   D7
       (Taxman!)

       Declare the pennies on your eyes.
       D7#9   D7
       (Taxman!)
             C
       'Cause I'm the Taxman.
              G7   D7
       Yeah, I'm the __ Taxman.
           F7   D7
       And you're __ working for no one but me.

Outro | D7 | | D7♯9 D7 |
       (Taxman!)
       | | | | D7♯9 | *Fade out*

Things We Said Today

Words and Music by
John Lennon and Paul McCartney

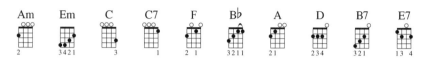

You say   you will __ love __   me __

Am   Em   C   C7   F   B♭   A   D   B7   E7

Intro | Am | | |

Verse 1
        Am   Em   Am   Em   Am
You say you will love me if I have to go.

          Em   Am   Em Am
You'll be thinking of me, somehow I will know.

C   C7
Someday when I'm lonely,

F   B♭
Wishing you weren't so far away.

Am   Em   Am   Em   Am
Then I will re - member things we said to - day.

Verse 2
        Am   Em   Am   Em   Am
You say you'll be mine, girl, till the end of time.

             Em   Am   Em   Am
These days, such a kind girl seems so hard to find.

C   C7
Someday when we're dreaming,

F   B♭
  Deep in love, not a lot to say,

Am   Em   Am   Em   A
Then we will re - member things we said to - day.

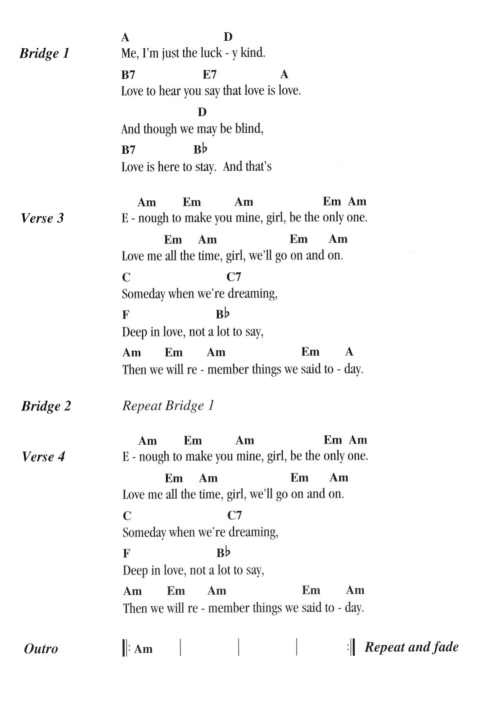

Bridge 1

     A   **D**
Me, I'm just the luck - y kind.

B7   **E7**   **A**
Love to hear you say that love is love.

             D
And though we may be blind,

B7   **B♭**
Love is here to stay. And that's

Verse 3

     Am   **Em**   **Am**   **Em Am**
E - nough to make you mine, girl, be the only one.

       Em   **Am**   **Em**   **Am**
Love me all the time, girl, we'll go on and on.

C   **C7**
Someday when we're dreaming,

F   **B♭**
Deep in love, not a lot to say,

Am   **Em**   **Am**   **Em**   **A**
Then we will re - member things we said to - day.

Bridge 2   *Repeat Bridge 1*

Verse 4

     Am   **Em**   **Am**   **Em Am**
E - nough to make you mine, girl, be the only one.

       Em   **Am**   **Em**   **Am**
Love me all the time, girl, we'll go on and on.

C   **C7**
Someday when we're dreaming,

F   **B♭**
Deep in love, not a lot to say,

Am   **Em**   **Am**   **Em**   **Am**
Then we will re - member things we said to - day.

Outro   ‖: Am | | | :‖ *Repeat and fade*

This Boy

(Ringo's Theme)

Words and Music by
John Lennon and
Paul McCartney

That boy _____ took my love ___ a - way,

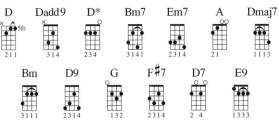

Intro

|D Dadd9 D |D* Bm7 |Em7 A |

Verse 1

Dmaj7   Bm   Em7
That boy

    A   Dmaj7 Bm7
Took my love a - way,

Em7   A   Dmaj7 Bm7
Though he'll re - gret it some - day.

    Em7 N.C.
But this   boy

A   N.C.   D*   Bm7 Em7 A
Wants you back a - gain.

Verse 2

Dmaj7   Bm   Em7
That boy

    A   Dmaj7 Bm7
Isn't good for you,

Em7   A   Dmaj7 Bm7
Though he may want you too.

Em7 N.C.
This   boy

A   N.C.   D* D9
Wants you back a - gain.

Bridge

```
         G                F#7
Oh, and this boy would be happy,

         Bm           D*      D7
Just to love you, but oh my-hi-hi-hi-a,

G              E9
That boy won't be happy

A                   N.C.
Till he's seen you cry.
```

Verse 3

```
        Dmaj7    Bm    Em7
This boy

          A         Dmaj7  Bm7
Wouldn't mind the pain,

Em7            A       Dmaj7  Bm7
  Would always feel the same.

  Em7  N.C.
If this boy

A    N.C.         D*     Bm7  Em7  A
Gets you back a - gain.
```

Outro

```
Dmaj7 Bm    Em7  A
This boy.

  Dmaj7 Bm7    Em7  A
‖: This boy.                   :‖  Repeat and fade
```

Ticket to Ride

Words and Music by
John Lennon and Paul McCartney

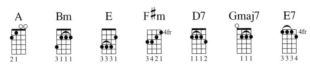

Intro |A | | | |

Verse 1
       A
I think I'm gonna be sad, I think it's today, yeah.

                                              Bm   **E**
The girl that's driving me mad is going away.

F#m   **D7**
She's got a ticket to ride.

F#m   **Gmaj7**
She's got a ticket to ride.

F#m   **E**   **A**
She's got a ticket to ride, __ and she don't care.

Verse 2
       A
She said that living with me was bringing her down, yeah.

                                             Bm   **E**
She would never be free when I was around.

F#m   **D7**
She's got a ticket to ride.

F#m   **Gmaj7**
She's got a ticket to ride.

F#m   **E**   **A**
She's got a ticket to ride, __ and she don't care.

Bridge 1

           D7
I don't know why she's riding so high.

She ought to think twice,

                   E **E7**
Show ought to do right by me.

        D7
Be - fore she gets to saying goodbye,

She ought to think twice,

                E
She ought to do right by me.

Verse 3

     A
I think I'm gonna be sad, I think it's today, yeah.

                              Bm   **E**
The girl that's driving me mad is going away, __ yeah!

    F#m   **D7**
Ah, she's got a ticket to ride.

F#m   **Gmaj7**
She's got a ticket to ride.

F#m   **E**   **A**
She's got a ticket to ride, __ but she don't care.

Bridge 2   *Repeat Bridge 1*

Verse 4

     A
She said that living with me was bringing her down, yeah.

                            Bm **E**
She would never be free when I was around.

F#m   **D7**
She's got a ticket to ride.

F#m   **Gmaj7**
She's got a ticket to ride.

F#m   **E**   **A** **N.C.**
She's got a ticket to ride, __ but she don't care.

Outro

         A
‖: My baby don't care. :‖ *Repeat and fade*

Twist and Shout

Words and Music by Bert Russell
and Phil Medley

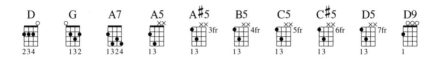

D   G   A7   A5   A#5   B5   C5   C#5   D5   D9

Intro |D   G   A7 | |D   G   A7 | |

                                    D
Chorus 1   Well, shake it up ba - by, now,

            G   A7
            (Shake it up, baby.)

                    D
            Twist and shout.

            G   A7
            (Twist and shout.)

                                        D
            Come on, come on, come on, come on, baby now.

            G   A7
            (Come on, baby.)

                                D
            Come on and work it on out.

            G   A7
            (Work it on out.)

Verse 1

                    D
Well, work it on out.

G   **A7**
(Work it on out.)

                    D
You know you look so good.

G   **A7**
(Look so good.)

                    D
You know you got me goin' now.

G   **A7**
(Got me goin'.)

                    D
Just like I knew you would.

     G   **A7**
(Like I knew you would. Oo.)

Chorus 2   ***Repeat Chorus 1***

Verse 2

                    D
You know you twist, little girl.

G   **A7**
(Twist little girl.)

                    D
You know you twist so fine.

G   **A7**
(Twist so fine.)

                    D
Come on and twist a little closer now,

G   **A7**
(Twist a little closer.)

                    D
And let me know that you're mine.

     G   **A7**
(Let me know you're mine, ooh.)

| *Interlude* | ‖: D   G   A7 \| G   A7 :‖   *Play 4 times* |

Ah, ah, ah, ah. Wow!

Chorus 3   ***Repeat Chorus 1***

Verse 3   ***Repeat Verse 2***

Outro

                               D
Well, shake it, shake it, shake it, baby, now.

G   **A7**
(Shake it up, baby.)

                              D
Well, shake it, shake it, shake, it, baby, now.

G   **A7**
(Shake it up, baby. Oo.)

                 A5 A♯5 B5 C5 C♯5 D5 D9
Ah, ah, ah, ah. |

When I'm Sixty-Four

Words and Music by John Lennon
and Paul McCartney

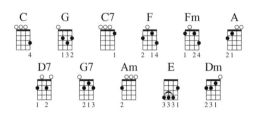

Verse 1

    C
When I get older, losing my hair,

         G
Many years from now,

Will you still be sending me a valentine,

   N.C.   **C**
Birth - day greetings, bottle of wine?

If I'd been out 'til quarter to three,

C7   **F**
Would you lock the door?

        Fm
Will you still need __ me?

C   **A**
Will you still feed __ me,

D7   **G7** **C**
When I'm sixty - four?

Bridge 1   **Am   G Am**
                                Ooh.

                                        E   N.C. Am
                                You'll be older, too.

                                        Dm
                                And if you say the word,

                                F   G   C   G7
                                I could stay with you.

                                C
Verse 2   I could be handy mending a fuse

                                                G7
                                When your lights have gone.

                                You can knit a sweater by the fireside.

                                        N.C.   C
                                Sun - day morning go for a ride.

                                Doing the garden, digging the weeds,

                                C7   F
                                Who could ask for more?

                                                Fm
                                Will you still need __ me?

                                C   A
                                Will you still feed __ me,

                                D7   G7   C
                                When I'm sixty - four?

Bridge 2

Am
Ev'ry summer we can rent a cottage

　　　　　G　　　　　　　**Am**
In the Isle of Wight, if it's not too dear.

　　　　　　　　　E　　**N.C.**　　　**Am**
We shall scrimp and save.

　　　　Dm
Grandchildren on your knee;

F　**G**　　　**C**　　**G7**
Vera, Chuck, and Dave.

Verse 3

C
Send me a postcard, drop me a line,

　　　　　　　G
Stating point of view.

Indicate precisely what you mean to say.

　　N.C.　　**C**
Yours sincerely wasting away.

Give me your answer, fill in a form,

C7　　　　　　**F**
Mine forevermore.

　　　　　Fm
A will you still need __ me?

C　　　　　**A**
Will you still feed __ me,

D7　　**G7**　**C**
When I'm sixty - four?

Two of Us

Words and Music by
John Lennon and Paul McCartney

Intro |G | | | |

Verse 1

G
Two of us riding nowhere,

                C G*   Am7
Spending someone's hard-earned pay.

G
You and me Sunday driving,

          C G* Am7   G
Not arriving on our way back home.

Chorus 1

  D   C G
  We're on our way home.

  D   C G
  We're on our way home.

  C   G
  We're going home.

Verse 2

G
Two of us sending postcards,

        C G* Am7
Writing letters on my wall.

G
You and me burning matches,

       C G* Am7   G
Lifting latches, on our way back home.

Chorus 2	*Repeat Chorus 1*

Bridge 1

Bb   Dm
You and I have memories,

Gm7   Am   D7
Longer than the road that stretches out ahead.

Verse 3

G
Two of us wearing raincoats,

             C G* Am7
Standing solo in the sun.

G
You and me chasing paper,

             C G* Am7   G
Getting nowhere on our way back home.

Chorus 3	*Repeat Chorus 1*
Bridge 2	*Repeat Bridge 1*
Verse 4	*Repeat Verse 3*
Chorus 4	*Repeat Chorus 1*

Outro | G | ||: | | | :|| *Repeat and fade*

We Can Work It Out

Words and Music by
John Lennon and Paul McCartney

Melody:

Try to see it my way.

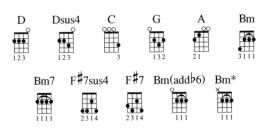

D   Dsus4   C   G   A   Bm

Bm7   F#7sus4   F#7   Bm(add♭6)   Bm*

Verse 1

    D   Dsus4 D
    Try to see it my way.

        Dsus4   C   D
Do I have to keep ___ on talking till I can't go on?

        Dsus4 D
While you see it your way,

        Dsus4   C   D
Run the risk of knowing that our love may soon be gone.

Chorus 1

    G   D
We can work it out.

    G   A
We can work it out.

Verse 2

    D   Dsus4 D
    Think of what you're saying.

        Dsus4   C   D
You can get it wrong and still you think ___ that it's al - right.

        Dsus4 D
Think of what I'm saying.

        Dsus4   C   D
We can work it out ___ and get it straight, or say good - night.

Chorus 2	*Repeat Chorus 1*

Bridge 1

Bm   Bm7   G   F$\sharp$7sus4
Life is very short, and there's no time

   F$\sharp$7   Bm   Bm7 Bm(add$\flat$6) Bm*
For fussing and fighting, my friend.

Bm   Bm7   G   F$\sharp$7sus4
I have always thought that it's a   crime,

   F$\sharp$7 Bm   Bm7   Bm(add$\flat$6) Bm*
So I will ask you once a - gain.

Verse 3

D   Dsus4 D
  Try to see it my way.

            Dsus4   C   D
Only time will tell if I am right or I am wrong.

           Dsus4   D
While you see it your way,

            Dsus4   C   D
There's a chance that we might fall apart __ before too long.

Chorus 3	*Repeat Chorus 1*
Bridge 2	*Repeat Bridge 1*
Verse 4	*Repeat Verse 3*

Chorus 4

G   D
We can work it out.

G   A D
We can work it out.

While My Guitar Gently Weeps

Words and Music by
George Harrison

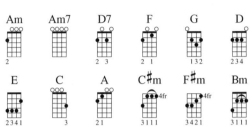

I look ___ at ___ you all, ___

Am Am7 D7 F G D

E C A C#m F#m Bm

Intro

| Am | Am7 | D7 | F | |
| Am | G | D | E | |

Verse 1

Am   Am7   D7   F
I look ___ at you all, ___ see the love ___ there that's sleep - ing,

Am   G   D   E
While my guitar ___ gently weeps.

Am   Am7   D9   F
I look ___ at the floor, ___ and I see ___ it needs sweep - ing.

Am   G   C   E
Still my guitar ___ gently weeps.

Bridge 1

A   C#m F#m   C#m
I don't know why   nobody told ___ you

Bm   E
How to unfold your love.

A   C#m F#m   C#m
I don't know how ___   someone con - trolled you.

Bm   E
They bought and sold you.

UKULELE CHORD SONGBOOK

Verse 2

```
        Am          Am7        D7            F
I look ___ at the world ___ and I no - tice it's turn - ing,
Am            G         D     E
  While my guitar ___ gently weeps.
         Am         Am7          D7         F
With ev - 'ry mistake, ___ we must sure - ly be learn - ing.
Am            G         C     E
  Still my guitar ___ gently weeps.
```

Solo

```
|Am    |Am7   |D7    |F      |
|Am    |G     |D     |E      |
|Am    |Am7   |D7    |F      |
|Am    |G     |C     |E      |
```

Bridge 2

```
A          C#m F#m          C#m
  I don't know how     you were di - verted,
Bm               E
  You were perverted too.
A                C#m F#m          C#m
  I don't know how ___     you were invert - ed.
Bm             E
  No one alerted you.
```

Verse 3

```
        Am          Am7        D7               F
I look ___ at you all, ___ see the love ___ there that's sleep - ing,
Am            G         D     E
  While my guitar ___ gently weeps.
Am        Am7    D7      F
I look at you all.
Am            G         C     E
  Still my guitar ___ gently weeps.
```

Outro

```
|Am     |Am7   |D7    |F      |
|Am     |G     |D     |E      |
||: Am  |Am7   |D7    |F      |
|Am     |G     |C     |E     :||  Repeat and fade
```

Yellow Submarine

Words and Music by John Lennon
and Paul McCartney

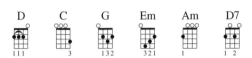

In the town ____ where I was born

Verse 1

      D   **C** **G**
In the town where I was born

Em **Am**   **C**   **D**
Lived a man who sailed the sea.

G   **D**   **C**   **G**
And he told us of his life

Em **Am** **C**   **D**
In the land of subma - rines.

Verse 2

      D   **C** **G**
So we sailed up to the sun

Em **Am**   **C**   **D**
Till we found the sea of green.

G   **D**   **C**   **G**
And we lived be - neath the waves

Em **Am** **C**   **D**
In our yellow subma - rine.

Chorus 1

    G   **D**
We all live in a yellow submarine,

          G
Yellow submarine, yellow submarine.

        D
We all live in a yellow submarine,

          G
Yellow submarine, yellow submarine.

Verse 3

       D   **C**   **G**
And our friends are all on board,

Em **Am**   **C**   **D**
Many more of them live next door.

G   **D**   **C**   **G**   **D G**   **D7 G**
And the band be - gins to play.

Chorus 2   *Repeat Chorus 1*

Verse 4

       D   **C**   **G**
As we live a life of ease,

Em **Am**   **C**   **D**
Ev'ry one of us has all we need.

G   **D**   **C**   **G**
Sky of blue and sea of green

Em **Am** **C**   **D**
In our yellow subma - rine.

Chorus 3   ***Repeat Chorus 1 till fade***

Yesterday

Words and Music by John Lennon
and Paul McCartney

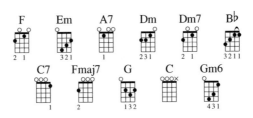

Intro | F | |

Verse 1

   F   Em
Yesterday,

       A7   Dm   Dm7
All my troubles seemed so far away.

   B♭   C7   F   Fmaj7
  Now it looks as though they're here to stay.

     Dm   G   B♭ F
 Oh, I believe __ in yes - terday.

Verse 2

   F   Em
Suddenly,

       A7   Dm   Dm7
I'm not half the man I used to be.

   B♭   C7   F   Fmaj7
  There's a shad - ow hanging over me,

     Dm   G   B♭ F
 Oh, yesterday __ came sud - denly.

Bridge 1

Em A7 Dm C B♭
Why she had to go

      Gm6   C7   F
I don't know, she wouldn't say.

Em A7 Dm   C   B♭
I   said some - thing wrong.

      Gm6   C7   F
Now I ___ long for yester - day.

Verse 3

F   Em
Yesterday,

      A7   Dm   Dm7
Love was such an easy game to play.

B♭   C7   F   Fmaj7
  Now I need a place to hide away.

   Dm   G B♭ F
Oh, I believe ___ in yes - terday.

Bridge 2

Repeat Bridge 1

Verse 4

F   Em
Yesterday,

      A7   Dm   Dm7
Love was such an easy game to play.

B♭   C7   F   Fmaj7
  Now I need a place to hide away.

   Dm   G B♭ F
Oh, I believe ___ in yes - terday.

   G B♭ F
Mm.

You've Got to Hide Your Love Away

Words and Music by John Lennon
and Paul McCartney

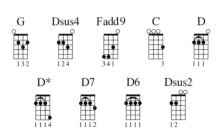

Verse 1

G   D   F   G
Here I stand, head in hand,

C   F C
Turn my face to the wall.

G   D   F   G
If she's gone I can't go on

C   F   D
Feeling two foot small.

Verse 2

G   D   F   G
Ev'ry - where peo - ple stare,

C   F C
Each and ev'ry day.

G   D   F   G
I can see them laugh at me,

C   F C D* D7 D6 D
And I hear them say:

UKULELE CHORD SONGBOOK

| | G   C   **Dsus4 D Dsus2 D** |
| **Chorus 1** | Hey, you've got to hide your love a - way. |

G   C   **Dsus4 D Dsus2 D**
Hey, you've got to hide your love a - way.

Verse 3

G   D F   G
How can I e - ven try?

C   F   C
I can never win.

G   D   F   G
Hearing them, see - ing them

C   F D
In the state I'm in.

Verse 4

G   D F   G
How could she say to me

C   F   C
Love will find a way?

G   D   F   G
Gather 'round, all you clowns,

C   F   C **D* D7 D6 D**
Let me hear you say:

Chorus 2

G   C   **Dsus4 D Dsus2 D**
Hey, you've got to hide your love a - way.

G   C   **Dsus4 D Dsus2 D**
Hey, you've got to hide your love a - way.

Outro

|G   D |F   G |C |F   C |
|G   D |F   G |C |F   C |G   ‖

You Never Give Me Your Money

Words and Music by
John Lennon and Paul McCartney

Melody:

You nev - er give me your   mon - ey, ___

Am7   Dm7   G7   C   Fmaj7   Bm7♭5   E7   Am

G   C7   F   B♭   D7   E♭7   A7   F♯7

G♯7   A   B   E   Dm   G*   Am(add4)   G**

Intro

| Am7 | Dm7 | G7 | C | |
| Fmaj7 | Bm7♭5 E7 | Am | | |

Verse 1

Am7   Dm7
You never give me your money,

G7   C
You only give me your funny paper.

Fmaj7   Bm7♭5 E7
And in the middle of ne - goti - ations

      Am
You break down.

Verse 2

    Am7   **Dm7**
    I never give you my number,

    G7   **C**
    I only give you my situation.

    Fmaj7   **Bm7♭5** **E7**
    And in the middle of in - vesti - gation

    Am   **C**   **G**
    I break down.

Bridge

    C   **E7**
    Out of college, money spent;

    Am   **C7**
    See no future, pay no rent.

    F   **G**   **C**
    All the money's gone, nowhere to go.

          E7
    Any jobber got the sack,

    Am   **C7**
    Monday morning turning back,

    F   **G**   **C**
    Yellow lorry slow, nowhere to go.

     B♭   **F**   **C**
    But oh, that magic feeling,   nowhere to go!

    B♭   **F**   **C**
    Oh, that magic feeling,   nowhere to go!

    Nowhere to go!

Interlude

‖: **B♭** | **F** | **C**   :‖ *Play 3 times*
  Ah,   ooh.

| **D7** | **E♭7 G7** | **C7 A7** | **E♭7 C7** | **F♯7 E♭7** | **A7 F♯7 G7 G♯7** |

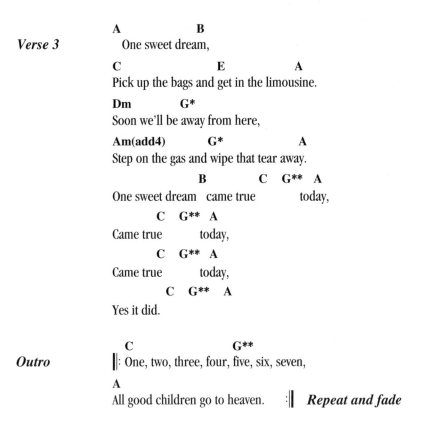

Verse 3

     A   **B**
     One sweet dream,

C   **E**   **A**
Pick up the bags and get in the limousine.

Dm   **G***
Soon we'll be away from here,

Am(add4)   **G***   **A**
Step on the gas and wipe that tear away.

                 B   **C** **G**** **A**
One sweet dream   came true   today,

      C **G**** **A**
Came true   today,

      C **G**** **A**
Came true   today,

        C **G****   **A**
Yes it did.

Outro

    C   **G****
‖: One, two, three, four, five, six, seven,

A
All good children go to heaven.   :‖ *Repeat and fade*